Gloy — Die Philosophie des deutschen Idealismus

Em. Prof. Dr. Dr. h.c. Karen Gloy promovierte und habilitierte sich in Heidelberg in Philosophie, lehrte dann als Ordinaria an der Universität Luzern (Schweiz), war jahrelang Gastdozentin in Wien und Ulm und lehrt jetzt noch an der Ludwig Maximilians-Universität München. Bei K&N ist zuletzt von ihr erschienen *Zeit in der Kunst* (2017), *Wahrheit und Lüge* (2019), *Demokratie in der Krise* (2020) und *Philosophie zwischen Dichtung und Wissenschaft* anhand von Rainer Maria Rilkes *Duineser Elegien* (2020).

Karen Gloy

Die Philosophie des deutschen Idealismus

Eine Einführung

Königshausen & Neumann

Bibliografische Information der Deutschen Nationalbibliothek

Die Deutsche Nationalbibliothek verzeichnet diese Publikation in der Deutschen Nationalbibliografie; detaillierte bibliografische Daten sind im Internet über http://dnb.d-nb.de abrufbar.

Gedruckt auf säurefreiem, alterungsbeständigem Papier
Umschlag: skh-softics / coverart
Umschlagabbildung: Chio: Cielo; 373714404 © adobestock.com

Printed in Germany

ISBN 978-3-8260-7248-2

www.koenigshausen-neumann.de

www.libri.de
www.buchhandel.de
www.buchkatalog.de

Inhalt

1. Allgemeine Einführung in den Idealismus

Diese Einführung ist der Philosophie des deutschen Idealismus gewidmet. Mit diesem Namen bezeichnen wir diejenige Epoche deutscher Geistes- und Kulturgeschichte, die von den 80er Jahren des 18. Jahrhunderts bis in die Mitte des 19. Jahrhunderts reicht. Den Beginn des Idealismus pflegt man mit dem Erscheinen von Kants *Kritik der reinen Vernunft* (1781) zu setzen, da das Bemühen um deren Verständnis, das Eindringen in deren Inhalt und die konsistente Entfaltung von deren Prämissen eine Bewegung initiierte, die nicht nur ein Weg hin zu Kant, sondern zugleich ein Weg weg von Kant und über Kant hinaus war. Und das Ende des Idealismus pflegt man zumeist mit dem letzten Erscheinen der Werke von Hegel und Schopenhauer zu Beginn der 50er Jahre des 19. Jahrhunderts zu setzen. Den Höhepunkt dieser geistigen Entwicklung bilden zweifellos das letzte Jahrzehnt des 18. Jahrhunderts und das erste Jahrzehnt des 19. Jahrhunderts, in denen der rastlos schaffende Fichte die größte Zahl seiner Systeme konzipierte, der frühreife Schelling die bedeutendsten und wirksamsten seiner Schriften publizierte und der langsamer reifende Hegel an seinem Riesenwerk, der *Phänomenologie des Geistes* und der *Wissenschaft der Logik*, arbeitete. Der Höhenflug der Bewegung reicht noch bis in die 20er Jahre zum Erscheinen von Hegels letzter größerer Schrift, der *Rechtsphilosophie* (1821), so dass der Idealismus die relativ kurze Zeitspanne von 40 Jahren bzw., wenn man seine Ausläufer bis in die 50er Jahre des 19. Jahrhunderts mitrechnet, von 70 Jahren umfasst – eine Zeitspanne, die eine geistige Bewegung hervorgebracht hat, deren spekulative Höhe und geistige Tiefe, deren Flut sich drängender und überbietender Systeme nichts Vergleichbares in der Geschichte aufweist, wenn man von der griechischen Philosophie einmal absieht, die aber einen viel längeren Zeitraum in Anspruch nahm und bei weitem nicht die Fülle von Systemen hervorbrachte und auch nicht die Einheitlichkeit und Geschlossenheit zeigt, die den Idealismus charakterisiert.

Für den heutigen Betrachter hebt sich der Idealismus von den vorhergehenden und nachfolgenden Epochen durch seine äußere und innere Geschlossenheit ab trotz aller Kontroversen, die sich innerhalb seiner abgespielt haben, so dass man zu Recht seinen Anfang mit Kant und sein Ende mit Hegel setzen kann, was auch Richard Kroner zu einem zweibändigen Werk über den Idealismus mit dem Titel *Von Kant bis Hegel* veranlasst hat. Die Ursachen dieser Geschlossenheit sind vielfältiger Art; es lassen sich sowohl äußere wie innere nennen. Was die äußeren betrifft, so hat sich der Idealismus vorzüglich an zwei Forschungs- und Bildungszentren in Deutschland abgespielt, in Jena und später in Berlin.

In Jena lebte und wirkte Reinhold, dessen Interpretation der Kantischen Philosophie bahnbrechend wurde und eine Bewegung in Gang setzte, die den eigentlichen Idealismus einleitete. Reinhold kann als Vermittler zwischen Kant und den großen Idealisten: Fichte, Schelling und Hegel angesehen werden. Das wahre Verständnis der Kantischen Philosophie setzte der damals in Deutschland herrschenden Popularphilosophie des ausklingenden Aufklärungszeitalters erhebliche Schwierigkeiten entgegen, deren Wende Reinhold mit seinen 1786/87 in Wielands *Deutschem Merkur* veröffentlichten *Briefen über die Kantische Philosophie* brachte, indem er mit einem glücklichen Griff diejenige Seite der Kantischen Philosophie, die dem Verständnis der Öffentlichkeit am weitesten entgegenkam, nämlich die sittliche und religiöse, in seiner Darstellung zum Ausgangspunkt machte und so lebenswahr den Weg nachzeichnete, den er sich selbst zur Vernunftkritik gebahnt hatte. Er erzielte mit seiner Darstellung den Eindruck des unmittelbar Empfundenen und innerlich Durchlebten, wie ihn die objektive und kritisch abwägende Sprache Kants nie hatte erwecken können.

Nach Reinholds Weggang von Jena nach Kiel 1794 wurde Fichte auf den Reinholdschen Lehrstuhl berufen. Fichte war über Nacht berühmt geworden durch seine Schrift *Versuch einer Kritik aller Offenbarung*, deren Titel starke Anklänge an Kantische Publikationen verriet. Darüber hinaus war sie in streng Kantischem Sinne abgefasst, erschien bei demselben Verleger, bei dem Kants Werke publiziert waren, und zwar anonym, und wurde daher zunächst für eine Schrift Kants gehalten. Bekanntlich hatte sich Kant in seiner Philosophie drei Fragen vorgelegt: 1. die Frage, was kann ich wissen, 2. die, was soll ich tun, und 3. die, was darf ich hoffen, die zusammengefasst sind in der anthropologischen Frage: was ist der Mensch? Auf die erste Frage hatte er mit der *Kritik der reinen Vernunft* geantwortet, auf die zweite mit der *Kritik der praktischen Vernunft*. Es stand also die Beantwortung der dritten Frage: was darf ich hoffen? noch aus, auf die man ein religionsphilosophisches Werk erwartete. Als anonym die Schrift *Versuch einer Kritik aller Offenbarung* erschien, zudem bei demselben Verleger, bei dem Kant veröffentlichte, hielt man sie allgemein für das noch ausstehende Werk Kants. Als Kant bekanntgab, dass diese Schrift von Fichte, nicht von ihm stamme, war dieser mit einem Schlag berühmt und erhielt in Jena den freiwerdenden Lehrstuhl von Reinhold.

Fichte seinerseits holte den jungen, frühreifen Schelling nach Jena, der ihm durch eine Zusammenfassung der damals gängigen Philosophie aufgefallen war. Schelling hatte 1788 eine Schrift veröffentlicht mit dem Titel *Allgemeine Übersicht der neuesten philosophischen Literatur*, die Fichte so bedeutend erschien, dass er Schelling nach Jena zu ziehen wünschte. Unterstützt wurde er dabei von Goethe, der ein Interesse an Schellings naturphilosophischen Spekulationen hatte. Schelling seinerseits, der aus dem Tübinger Stift stammte und mit Hegel und Hölderlin befreundet war, ermöglichte seinem älteren Freund und Kameraden Hegel 1801 die Habilitation und anschließend die Anstellung in Jena. In Jena ballten sich aber nicht nur die Lehrer der Philosophie mit klangvollen Namen, sondern es sammelte sich dort auch ein bedeutender Schülerkreis, die Romantiker, zu der die Gebrüder Schlegel, Novalis, Steffens und viele andere mehr gehörten.

Später wurde Berlin zum geistigen Mittelpunkt der Bewegung. Um die Jahrhundertwende verlor Fichte durch den sogenannten Atheismusstreit seinen Lehrstuhl in Jena und siedelte mit Friedrich Schlegels Hilfe nach Berlin über, wo er zunächst Privatvorlesungen in Privatkreisen hielt und, als 10 Jahre später (1810) die Universität in Berlin gegründet wurde, zu deren erstem Rektor gewählt wurde. Er hatte enge Beziehungen zum Romantikerkreis, zu den Gebrüdern Schlegel und zu Schleiermacher.

Auch Hegel nahm später, nach einem kürzeren Aufenthalt an der Universität Heidelberg, einen Ruf nach Berlin an, wo er bis zu seinem Lebensende lebte und wirkte und einen bedeutenden Schülerkreis um sich versammelte, der sich später in die Rechts- und Linkshegelianer spaltete.

Freilich erklären diese Lokalitäten nicht die Einheit und Geschlossenheit der Epoche, wohl aber bilden sie die äußere Voraussetzung für den persönlichen Kontakt und den Gedankenaustausch, in dem die großen Geister jener Zeit standen. Die bedeutendsten Männer jener Epoche waren miteinander bekannt oder sogar befreundet, beeinflussten und kritisierten sich wechselseitig, wobei sich stets dasselbe Schema wiederholte, dass sehr enge Freundschaften mit Brüchen endeten, bedingt durch aufkommende geistige Differenzen. Dies gilt für das Verhältnis Fichtes zu Schelling, die zunächst eng befreundet waren, dann aber, etwa um die Jahrhundertwende, sich geistig auseinanderlebten und miteinander brachen. Das gilt auch für das Verhältnis von Schelling und Hegel, die zunächst befreundet waren, durch die Entwicklung ihrer konkurrierenden Gedankensysteme sich aber auseinanderlebten und später nur noch gegeneinander polemisierten. Wenn auch durch diese geistigen Ballungszentren Jena und Berlin und mit gewissen Einschränkungen das Tübinger Stift, aus dem Hegel, Hölderlin und Schelling hervorgingen, die Voraussetzungen für den Gedankenaustausch geschaffen waren, so erklären sie allein noch nicht die innere Einheit und Geschlossenheit dieser Zeit. Hinzukommen müssen andere, innere Gründe, und hier sind vor allem zwei zu nennen, zum einen der einheitliche und unverkennbare Stil dieser Epoche und zum anderen die thematische Übereinstimmung, die trotz aller Differenzen, ja Kontroversen bestand.

Blicken wir von unserem heutigen Standpunkt auf den deutschen Idealismus, so fällt als markantester, geradezu stilprägender Zug das eigentümliche

Pathos auf, das diese Epoche durchzieht und in Sprache und Rhetorik ihren Niederschlag findet. Es ist das Pathos von der Macht und Freiheit des Geistes gegenüber dem vorgegebenen Ansichsein. Vorbereitet wurde dieses Pathos durch die Aufklärung, die die Befreiung des Menschen von allem Vorgegebenen und Überlieferten, von allen Dogmen proklamierte. „Aufklärung“, so hat es Kant formuliert,

> „ist *der Ausgang des Menschen aus seiner selbst verschuldeten Unmündigkeit. Unmündigkeit* ist das Unvermögen, sich seines Verstandes ohne Leitung eines anderen zu bedienen. *Selbstverschuldet* ist diese Unmündigkeit, wenn die Ursache derselben nicht im Mangel des Verstandes, sondern der Entschließung und des Muthes liegt, sich seiner ohne Leitung eines andern zu bedienen. Sapere aude! Habe Muth, dich deines *eigenen* Verstandes zu bedienen! ist also der Wahlspruch der Aufklärung.“[1]

Dieses Motto der Aufklärung steigerte sich im Idealismus zum Pathos von der Selbständigkeit der Vernunft, ihrer Independenz und Undeterminiertheit vom Sein. Seinen charakteristischen Niederschlag findet dies in den Worten, mit denen Hegel seine Heidelberger Antrittsrede eröffnete und die sich ähnlich auch am Schluss seiner Berliner Antrittsvorlesung finden:

> „Der Mut der Wahrheit, der Glaube an die Macht des Geistes ist die erste Bedingung der Philosophie. Der Mensch, da er Geist ist, darf und soll sich selbst des Höchsten würdig achten, von der Größe und Macht seines Geistes kann er nicht groß genug denken; und mit diesem Glauben wird nichts so spröde und hart seyn, das sich ihm nicht eröffnete. Das zuerst verborgene und verschlossene Wesen des Universums hat keine Kraft, die dem Muthe des Erkennens Widerstand leisten könnte; es muß sich vor ihm aufthun, und seinen Reichthum und seine Tiefe ihm vor Augen legen und zum Genusse geben.“[2]

Dieses Pathos, das ich als Freiheitsbestreben des Geistes gegenüber dem vorgegebenen Sein, als dessen Unabhängigkeit und Selbständigkeit zu charakterisieren versuchte, hat nicht zuletzt seinen Niederschlag in der Bezeichnung

1 Immanuel Kant: *Was ist Aufklärung?* In: *Kants gesammelte Schriften*, hrsg. von der Königlich Preußischen Akademie der Wissenschaften, Bd. 1 ff. Berlin 1902/10 ff [abgekürzt. Akad. Ausg.], Bd. 8, S. 33-42, bes. S. 35.

2 Georg Wilhelm Friedrich Hegel: *Sämtliche Werke*, Jubiläumsausgabe in 10 Bden., hrsg. von Hermann Glockner, Stuttgart-Bad Cannstatt 1964 ff., Bd. 17, S. 22, vgl. Bd. 8, S. 36.

dieser Epoche „Idealismus" gefunden. Idealismus ist der Gegenbegriff zu Realismus. Wie naiv oder wie sublim auch immer der Realismus verstanden wird, seine Grundhaltung ist der Primat des Materiellen, Stofflichen, Realen in der Welt, demgegenüber das Geistige, Gedankliche als Derivat, als Ausfluss oder Überbau betrachtet wird. Der Idealismus hingegen, in welchen Formen und Varianten er auch auftritt, geht vom Primat des Geistes, des Ich, des Subjekts, der Intelligenz aus, so dass sich als Kontrastbegriffe Geist und Natur, Form und Materie, Subjekt und Objekt gegenüberstehen. Der Idealismus macht die scheinbar vom Geist unabhängige Materie zum Resultat eines Bemächtigungsprozesses des Geistes, der verschiedene Stufen umfassen kann. Er kann sich auf die formale Produktion der Natur aus dem Geist beschränken, jedoch auch bis zur materiellen Produktion reichen. Indem das Stofflich-Reale immer mehr in den Intellekt verlagert wird, immer mehr von ihm umfasst und verarbeitet wird, anders gesagt, indem die Welt in das Ich verlagert wird, tritt das Ich nicht mehr nur aus sich heraus zum Anderen, außer ihm gelegenen Sein, um dieses erkennend zu ergreifen, sondern findet es von Anfang an in sich selber vor und wird damit von einem endlichen, auf die Natur noch angewiesenen und von ihr abhängigen, relativen Ich hypostasiert zum absoluten Ich, das letztlich die Welt aus sich selber freisetzt. Die Grundüberzeugung des Idealismus besteht im Primat des Ich (des Denkens, der Idee) gegenüber dem Sein, die sich bis zur Überzeugung der Absolutheit des Ich und der Gegründetheit alles Seins im Ich steigern kann.

Korrelativ dazu ist die Auffassung, dass die Materie kein gleichgültiges Ansichsein hat und das Geschehen in der Natur kein bloß mechanisches Geschehen ist, sondern dass sich in der Materie und in dem Naturgeschehen selbst noch der Geist spiegelt, insofern diese einen Sinn offenbaren, den wir als das Wahre, das Gute und das Schöne erkennen und erstreben. Auch das uns scheinbar gegenüberstehende Andere und Fremde, die Natur, ist noch als Ausfluss und Manifestation des Absoluten zu verstehen und damit dem erkennenden Geist in seinem Sinn und in seiner Bedeutung zugänglich. Es gibt nichts, was dem Geist nicht fassbar wäre. Denn die Natur ist nur die entäußerte Vernunft; sie ist nicht das der Vernunft schlechthin Äußere, sie ist die Selbstentäußerung der Vernunft, die daher jederzeit auf ihren Ursprung reliert bzw. reduziert werden kann. Diese Position lässt sich in Schillers Versen ausdrücken:

> „Es ist nicht draußen, da sucht es der Tor;
> Es ist *in* dir, du bringst es ewig hervor."[3]

3 Friedrich Schiller: *Sämtliche Werke*, auf Grund der Originaldrucke hrsg. von Gerhard Fricke und Herbert G. Göpfert in Verbindung mit Herbert Stubenrauch, München 1958, Bd. 1, S. 215 f. "Die Worte des Wahns".

Freilich reicht auch diese Kennzeichnung der für das idealistische Zeitalter typischen Grundeinstellung und -haltung und des darauf basierenden Pathos nicht aus, um die Einheit und Geschlossenheit dieser Epoche befriedigend zu erklären. Zu nennen ist vielmehr die Einheit der Thematik. Trotz aller Differenzen und Kontroversen ist das alle Idealisten verbindende, gemeinsame Thema die Hen-Kai-Pan-Problematik, die Alleinheitsspekulation. Dass Eines Alles sei bzw. umgekehrt Alles Eines, darüber besteht unter den Idealisten Konsens. Dissens ergibt sich jedoch hinsichtlich der Frage; wie Eines zu Allem werden könne bzw. umgekehrt wie Alles in Einem zusammengefasst werden könne, ob hierzu das Eine so gefasst werden müsse, dass es die Mannigfaltigkeit bereits impliziert und diese dann durch Analyse, Explikation oder Entwicklung aus sich entlässt, oder ob das Eine so aufzufassen sei, dass es als absolut Einfaches der Mannigfaltigkeit, Differenz und Relationalität gegenübersteht, derselben also emanent oder transzendent ist, wobei sich dann die Schwierigkeit ergibt, wie aus einem absolut differenzlosen Einen die Fülle der Welt hervorgehen soll, ohne dass ein zweites, autonomes Prinzip hinzutritt. Diese monistische Thematik ist es, die der Epoche als ganzer ihren Stempel aufgedrückt und ihr ihr unverkennbares Gepräge verliehen hat, was nicht heißen soll, dass es in der Geschichte der Philosophie nicht auch andere monistische Systeme und Zeitalter gegeben hätte, so etwa den Neuplatonismus oder das System von Giordano Bruno, die Systemkonzeptionen der Leibniz-Wolffschen-Schule oder die Einheitslehre von Spinoza. Nur sind diese Monismen niemals über einen so langen Zeitraum hinweg prägend gewesen wie der idealistische. Es handelt sich bei diesen Monismen zwar um einheitliche Gesamtkonzepte, die aber nicht wie im Idealismus unter dem Diktat der Einheit und Vereinheitlichung des Ganzen stehen. Vielmehr ergeben sie sich aus Einzelproblemen und Problemgruppen, die dann formal ihren Ausdruck in einem Gesamtkonzept finden. Die Idealisten gehen einer wie der andere von Anfang an auf die Idee der Einheit des Ganzen.

Der Monismus charakterisiert nicht nur die Philosophie des deutschen Idealismus, sondern er charakterisiert auch das Verständnis von Philosophie überhaupt im deutschen Idealismus. Das Selbstverständnis von Philosophie ist ein monistisches, was anhand dreier Zitate der wichtigsten Vertreter des Idealismus, nämlich von Fichte, Schelling und Hegel zu belegen ist. So sagt Fichte in seiner *Wissenschaftslehre* von 1804 gleich einleitend:

> „Das [die Einheit] haben alle [Philosophien] dunkel oder deutlich gewollt; und könnte man historisch nachweisen, daß es eine nicht gewollt hätte, so läßt sich dieser der philosophische Beweis entgegenstellen, daß sie es habe wollen müssen, so

> gewiß, sie hat *existiren* wollen: denn das bloße Auffassen des Mannigfaltigen als solchen, in seinem Faktischen ist Historie."[4]

Es charakterisiert nach Fichte die Philosophie gegenüber der Geschichtsschreibung, dass sie nicht wie diese bloß rezipierend und konstatierend verfährt, allenfalls das Gesichtete sammelt, ordnet und systematisiert, es unter eine begrenzte, überschaubare Anzahl von Axiomen und Verfahrenstypen zum Zwecke der Theoriebildung bringt, sondern dass sie das Ganze des Seienden zu begreifen, d.h. wörtlich in den Griff zu bekommen sucht durch Reduktion der zunächst chaotisch erscheinenden Fülle auf letztlich ein Prinzip bzw. durch Deduktion der Vielheit aus einem einzigen Deduktionsgrund.

Und ebenso heißt es bei Schelling in seiner Schrift *Fernere Darstellung aus dem System der Philosophie* (1802):

> „Die Lehre [...] von der Einheit, die ungetheilt allem gegenwärtig und die Substanz aller Dinge ist, werdet ihr von Spinoza und Parmenides zurückgehend, so weit die Geschichte der Philosophie und der menschlichen Erkenntniß reicht, sicher antreffen."[5]

Durch den historischen Rekurs auf Spinoza und noch weiter zurückliegend auf die antike Philosophie, auf Parmenides, versucht hier Schelling die Definition der Philosophie schlechthin als Einheitslehre zu legitimieren.

Und last but not least hat auch Hegel, wie aus seinen *Vorlesungen über die Philosophie der Religion* hervorgeht, in der ganzen „Philosophie" „nichts anderes als das Studium der Bestimmungen der Einheit" gesehen.[6]

Mit dieser Definition von Philosophie steht eine andere in Zusammenhang, die auf dasselbe hinausläuft, gleichsam nur eine andere Betrachtungsweise derselben Sache ist. *Monistische* Philosophie ist immer auch *systematische* Philosophie. Wird Philosophie als Alleinheitslehre verstanden und damit als Absolutheitsphilosophie, so kann dies nur erreicht werden über eine zunehmende Systematisierung, eine Reduktion der uns umgebenden Fülle der Erscheinungen auf immer weniger, immer allgemeiner und um-

4 Fichtes *Werke*, hrsg. von Immanuel Hermann Fichte (fotomechanischer Nachdruck von *Johann Gottlieb Fichtes sämmtliche Werke*, hrsg. von I.H. Fichte, 8 Bde., Berlin 1845/1846 und *Johann Gottlieb Fichtes nachgelassene Werke*, 3 Bde., Bonn 1834 /1835, Berlin 1971 [abgekürzt Fichte: Werke], Bd. 10, S. 93.

5 Schellings *Werke*, hrsg. von Manfred Schröter, München 1927 [abgekürzt: Schelling: Werke], Ergänzungsbd. 1, S. 453 (IV, 401).

6 Georg Wilhelm Friedrich Hegel: *Werke*, auf der Grundlage der *Werke* von 1832-1845 neu edierte Ausgabe, Redaktion Eva Moldenhauer und Karl Markus Michel, Bd. 1 ff., Frankfurt a. M. 1971 ff. [abgekürzt: Hegel: Werke], Bd. 16, S. 100.

fassender werdende Prinzipien, die ihrerseits wieder Folgen höherer, umfassenderer Gründe sind und so fort, bis schließlich ein einziger Grund erlangt wird, der Grund von allem, selbst aber nicht mehr in anderem gegründet ist. Nur die Möglichkeit der Einordnung jedes einzelnen Bestandteils in einen Gesamtbegründungszusammenhang, der sich als ein Stufensystem aus Gründen und Folgen darstellt, innerhalb dessen die Folgen auf Gründe und diese wiederum auf höhere Gründe verweisen und so fort, bis ein absoluter Grund erreicht wird, bietet die Gewähr einer umfassenden Erkenntnis. Jede Teileinsicht vollendet sich erst als systematische. Aus diesem Systembedürfnis, das mit der Einheits- und Totalitätsspekulation zusammenhängt, erklärt sich auch die ungeheure Fülle von Systemen und Systementwürfen, die der Idealismus hervorgebracht hat.

Uns Heutigen ist diese Auffassung und Definition von Philosophie mitnichten selbstverständlich. Der Einwand liegt auf der Hand, dass es sich hier exklusiv um das idealistische Philosophieverständnis handle, das keineswegs Anspruch auf Allgemeingültigkeit erheben kann. Gerade uns Heutigen muss angesichts der Vielzahl divergierender Ansätze, Denkhaltungen und Stile die Identifizierung der Philosophie schlechthin mit der Theorie der Einheit als unangemessen erscheinen. In einer Situation, wie sie nach dem Zusammenbruch des Idealismus entstanden und durch das mächtige Emporkommen der empirischen Forschung mit ihrer zuvor nicht gekannten Fülle an Daten bestimmt ist, kann die Forderung nach Einheitsstiftung alles Vorfindlichen nur als hybrid empfunden werden und, falls dennoch an ihr festgehalten werden sollte, lösbar nur erscheinen unter Ignorierung der Einzelfakten in ihrer Eigenvalenz, mithin in Gestalt einer unstatthaften idealisierenden und theoretischen Überformung, deren Disproportion zur empirischen Welt umso mehr in die Augen springt, je größer die Menge des Gegebenen ist.

Trotz veränderter Intentionen, Themen und Methoden und häufig auch einer Polemik gegen jede Art von Monismus ist auch den nachidealistischen, heute dominierenden Philosophien, wie der Lebensphilosophie, dem Existentialismus, der Phänomenologie sowie den Methodenwissenschaften, der Hermeneutik, der Sprachphilosophie, der Wissenschaftstheorie, der theory of mind, zumindest die Tendenz auf Einheit immanent. Denn ohne die Einordnung in einen Gesamtzusammenhang, und sei er nur vorläufig und historisch veränderbar, ist nichts begreiflich. Hat sich auch der Träger des Einheitsprinzips geändert, der, wie vorausgreifend zu sagen ist, im Idealismus das Selbstbewusstsein war, so taucht er in den nachidealistischen Philosophien in konkreteren Formen auf, als Leben in der Lebensphilosophie von Dilthey bis Bergson, als menschliches Dasein in seiner Zeitlichkeit bei den

Existentialisten Heidegger, Sartre u.a. oder neuerlich als Sprache bei Wittgenstein.

Eine unverkennbare Tendenz auf Einheit und Systematisierung weist auch die Wissenschaftstheorie auf, indem sie zunächst die empirischen Grundfakten und Basissätze zu theoretischen Zusammenhängen zusammenschließen sucht, die Teilaspekte wieder zu größeren theoretischen Zusammenhängen verbindet und diese ihrerseits wieder zu Theorien und Theoriesystemen, bis sie im Idealfall zu einer umfassenden Theorie gelangt. Finden sich beispielsweise in der Geometrie mehrere Arten von Räumen und ihnen entsprechende Geometrien, die euklidische und die nicht-euklidischen, die Riemansche Kugel- und die Kleinsche Sattelgeometrie, die Minkowskischen Weltlinien, so sucht man nach einer universalen Feldtheorie, aus der diese mannigfaltigen Arten ableitbar sind; und finden sich in der Physik mehrere physikalische Theorien, die klassisch newtonische und die moderne Relativitätstheorie, so versucht man, auch diese in einer Universalphysik zu verbinden oder zumindest sie in systematische Ableitungszusammenhänge zu bringen, etwa die klassische Physik als im mittleren, in unserem Bereich gültige zu interpretieren. Indem die Wissenschaftstheorie ihr Ziel darin sieht, das erfahrungsmäßige Wissen zu einem Zusammenhang zusammenzufassen, bewegt sie sich bereits im Spannungsfeld zwischen gegebenem Mannigfaltigen und aufgegebenem einheitlichen Erklärungsgrund und hat die Angabe des letzteren stillschweigend als Aufgabe akzeptiert. Die Bezugnahme auf dieses Programm ist selbst dort noch spürbar, wo sich dasselbe in sein Gegenteil verkehrt hat und das Ursprungsdenken schlechthin negiert wird, wie bei den Antigrunddenkern Adorno und Bloch. So darf die Frage nach Einheit und Systematik, selbst wenn sie nicht gestellt oder verstellt wird, zu Recht als die Grundfrage der Philosophie gelten.

Allerdings gibt es – und das darf nicht verschwiegen werden – ein prinzipiell anderes Verständnis von Philosophie, wie es Kant eruiert hat. Er konfrontiert die Philosophie der Spekulation, wobei er die letztere als Mystik bezeichnet, die erstere als Begriffsarbeit. Philosophie erschöpft sich für ihn nicht in der Einheitskontemplation, sondern in der begrifflichen Durchdringung und Bewältigung des Vorgegebenen. Sein Verständnis von Philosophie ist Kritizismus statt Systematik und Einheitsspekulation. Nicht zufällig betitelt er sein Hauptwerk als *Kritik der reinen Vernunft*, als Kritik der Vernunft durch die Vernunft, wobei Vernunft hier sowohl im *genitivus subiectivus* wie im *genitivus obiectivus* steht: Die Vernunft (Subjekt) kritisiert sich selbst, die Vernunft (Objekt). Kritik bedeutet hier entsprechend der griechischen Herkunft des Wortes κρίνειν = „sondern" und „scheiden", Wesentliches vom Unwesentlichen, Hauptsächliches vom Nebensächlichen trennen. Es geht um die kritische Aufhellung des Erkenntnisanspruchs der Vernunft in Bezug auf die Welt, um die Abtrennung dessen, was die Vernunft wahrhaft zu erkennen vermag, von bloßen Scheinerkenntnissen. Kritische Philosophie oder, wie man heute zu sagen pflegt, transzendentale Argumentation versteht sich als Aufklärung und Analyse eines vorgegebenen Erkenntniszusammenhangs auf die daran beteiligten konstitutiven Prinzipien, die mehrere sein können, bei Kant die vom Verstand bereitgestellten Begriffe, die Kategorien, und die von der sinnlichen Anschauung bereitgestellten Anschauungsformen Raum und Zeit. Die transzendentale Analyse ist eine Befragung des Vorgegebenen auf seine Ermöglichungs- und Erkenntnisbedingungen hin. In der Einleitung zur *Kritik der reinen Vernunft* 2. Ausgabe[7] hat Kant eine transzendentale Erkenntnis diejenige genannt, die es nicht mit den Gegenständen, sondern mit unserer Erkenntnisart von Gegenständen, sofern diese a priori möglich sind, zu tun hat.

Fortgesetzt ist diese Tradition im Neukantianismus, dem es, nur unter Benutzung anderer Termini, um die Aufklärung des Funktionszusammenhangs der Natur geht, um die Aufhellung aller beteiligten Bedingungen und ihres Funktionierens untereinander.

Das Geschäft der Kritik, sowenig skeptisch es auch sein mag, hat im Vergleich zu den aufbauenden konstruktiven Systemen des Idealismus etwas Negatives, Destruktives, bloß Vorläufiges und Vorbereitendes an sich. Historisch betrachtet kann der Idealismus als eine Reaktion auf die sozusagen „abbauende" Kritik Kants und das Kantische Verständnis von Philosophie im Sinne aufbauender, konstruktiver Systeme aufgefasst werden. Kritizismus auf der einen Seite und Systematik, Einheits- und Totalitätsphilosophie auf der anderen sind zwei Grundmöglichkeiten des Philosophieverständnisses.

2. Motive einer monistischen Philosophie

Welches sind die sachlichen Gründe und Motive, die zur Übernahme einer monistischen Philosophiekonzeption, wie es die idealistische ist, drängen und veranlassen, diese zum Programm zu erheben? Wenn wir diese Frage stellen, so stellen wir gleichzeitig die Frage nach unserem heutigen Interesse am Idealismus, sofern dieses nicht nur ein historisch-doxographisches ist, dem es einzig um das Kennenlernen der Philosophiegeschichte und der diversen in ihr entwickelten theoretischen Positionen und Philosopheme geht, sondern ein sachlich-systematisches, dem es auch in den historischen Aus-

7 Immanuel Kant: *Kritik der reinen Vernunft*, unveränderter Nachdruck der von Raymund Schmidt besorgten Ausgabe (nach der 2. durchgesehenen Aufl. von 1930), Hamburg 1956 [abgekürzt KdrV], B 25.

gestaltungen der Philosophie allein auf die möglichen Ansatzformen und deren paradigmatischen Charakter ankommt.

Es gibt eine Reihe solcher Motive, wobei sich die Darstellung auf die allgemein philosophischen beschränken und von denjenigen abstrahieren soll, die aus einer spezifisch theoretischen Situation oder Theoriekonstellation erwachsen. Die ersteren umfassen sowohl inhaltliche wie methodologische Argumente.

Eines der wichtigsten inhaltlichen Argumente, vielleicht sogar das wichtigste überhaupt ist ein genuin philosophisches, das zusammenhängt mit der Wesensbestimmung und dem Verständnis von Philosophie. Philosophie unterscheidet sich dadurch von Einzelwissenschaften, welche Fachdisziplinen und Spezialwissenschaften sind, dass sie im Gegensatz zu diesen auf das Seiende im Ganzen geht. Beschäftigen sich die Einzeldisziplinen mit Teilbereichen des Seienden und mit deren Klassifikations- und Konstitutionskriterien, so geht die Philosophie auf die Gesamtheit des Seienden, auf das Seiende in toto und deren Wesensmerkmale. In diesem Sinne hat schon Aristoteles sie als *prima philosophia* bestimmt, und dieses Verständnis findet sich noch bei Kant, wenn er die Philosophie als Königin der Wissenschaften definiert. Dadurch dass die Philosophie a) auf das Seiende im Ganzen und b) auf das Sein des Seienden zielt, verbindet sie sowohl einen umfangsmäßigen wie einen inhaltlichen Aspekt miteinander. Sie sucht nach dem allgemeinen Wesen bzw. nach der Natur des Seienden in seiner Gesamtheit, d.h. nach dem allgemeinen Merkmalskomplex, in dem alles Seiende übereinstimmt und welcher umgekehrt ausnahmslose Geltung für alles Seiende hat. In diesen beiden Aspekten sind die schon erwähnten Kriterien der Einheit und der Allheit wiedererkennbar. Das höchste Prinzip, in dem alles Seiende übereinstimmt, kann nur ein einziges sein, das als allgemeinstes Prinzip zugleich umfassendste Geltung hat. Als inhaltlich abstraktes Eines ist es zugleich umfangsmäßig allumfassend. Die Vermittlung zwischen dem inhaltlich abstrakten Einen und dem umfangsmäßig Mannigfaltigen leistet die Systematik, die stufenweise von der Vielheit zur Einheit aufsteigt. So ist Philosophie im Unterschied zu den Einzelwissenschaften einerseits im Blick auf das inhaltlich Eine, Allgemeine und Abstrakte Prinzipienwissenschaft, also Grundlagenforschung, Beschäftigung mit der Letztbegründungsdimension, und andererseits im Blick auf das umfangsmäßig Mannigfaltige, auf das All, Totalitätswissenschaft, die alle anderen Wissenschaften und Wissenschaftszweige in sich integriert, und sie ist drittens im Blick auf die Einheit und Allheit verbindende Systematik die durchgängige systematische Wissenschaft.

Philosophie als Gesamtsystem, in das alle anderen Wissenschaftssysteme integriert sind, ist wesentlich monistisch konzipiert. Dadurch dass sie den theoretischen Überbau aller anderen Wissenschaften ausmacht, eine

Art Dachverband, laufen in ihr die diversen Fäden der Einzelwissenschaften zusammen. Und ebenso kann man umgekehrt sagen, dadurch dass alle einzelwissenschaftlichen Fragen und Probleme auf sie hinauslaufen und in ihr enden, tritt sie notwendig mit einem monistischen Anspruch bzw. einer monistischen Tendenz auf, wie immer auch ihr letztes Prinzip ausgelegt werden mag. Das stärkste Argument für jede Art von Monismus liefert daher die Entgegensetzung der Philosophie zu den Einzeldisziplinen.

Ein weiteres inhaltliches Argument für die Annahme einer monistischen Philosophie ist das religiöse oder, wie man auch sagen könnte, das mystische, das meditative. Wie aus den bisherigen Beschreibungen der Philosophie ersichtlich wurde, tritt Philosophie als alle Einzeldisziplinen übergreifende Wissenschaft mit einem Totalitätsanspruch auf und hat es insofern mit dem Absoluten zu tun. Es gibt zwei Wege des Zugangs zum Absoluten, zum einen den philosophischen Weg, der auf rationale Weise mittels der logischen Formen von Begriff, Urteil und Schluss sich einen Zugang zum Absoluten bahnt und damit mittelbar, indirekt vorgeht, und zum anderen den religiös-mystisch-meditativen Weg, der auf irrationale Weise durch unmittelbare innere Erfahrung, Offenbarung, mystische Schau u.ä. das Absolute zu erfassen sucht, um daran gegebenenfalls die begriffliche Analyse anzuschließen.

In der Geschichte der Philosophie haben sich daher zwei Arten des Verhältnisses von Philosophie und Mystik und damit zwei Arten des Ursprungs einer monistischen Philosophie herausgebildet, eine im Orient, insbesondere in Indien und Fernost, und eine im Okzident. Die orientalische, die den Namen „Advaitamata" trägt – der Name bedeutet „ohne ein Zweites", „nur Eines" – ist aus der Mystik hervorgegangen, aus religiösen Übungen wie der Yogapraxis, während die Entwicklung im Abendland die inverse Richtung genommen hat, indem hier die Philosophie den Ausgang und die Basis bildet und erst auf ihrem höchsten Punkt mit Mystik abschließt. Dies gilt schon für die platonisch-neuplatonische Tradition. Bei Platon tritt der Mythos dort ein, wo der Logos seine Grenze hat und sich nur noch negativ dialektisch in Widersprüchen zu äußern vermag, während der Mythos narrativ eine positive Gesamtschau gewährt. Ähnliches begegnet beim späten Fichte, da auch bei ihm erst nach der rationalen, begrifflichen Bearbeitung des Mannigfaltigen in Form eines Aufstiegs von der Mannigfaltigkeit zur Einheit auf dem höchsten Punkt eine *unio mystica* der Vernunft mit dem Absoluten oder Göttlichen vollzogen werden kann. Das mystische Element, das sich in einer begriff- und namenlosen, in einer sprachlosen Schau des Absoluten manifestiert, tritt erst ein als spekulative Konsequenz der an ihre Grenze gelangten Vernunft.

Für eine monistische Philosophie spricht weiterhin ein Argument, das man das emotionale nennen kann; es ist die Sehnsucht. Eine phänomenologische Analyse der Sehnsucht ergibt, dass dieselbe im Gegensatz zum Trieb und Gefühl, die auf Bestimmtes, Begrenztes, Endliches, auf ein bestimmtes einzelnes Objekt oder einen entsprechenden Einzelzustand gerichtet sind, gerade nicht auf Endliches, Begrenztes, sondern auf das Unendliche, Unbegrenzte geht, auf das, was im Griechischen *apeiron* heißt und die ambivalente Bedeutung von quantitativer Unendlichkeit und qualitativer Unbestimmtheit hat. Die Ontologie der Sehnsucht ist Entgrenzungsphilosophie, Befreiung von aller Endlichkeit und Beschränktheit und Einswerden mit dem Unendlichen. Dass auch das Unendliche, auf das die Sehnsucht gerichtet ist, mit dem Einen und folglich mit einer monistischen Philosophie zu tun hat und im Idealismus der Grund für die enge Beziehung zwischen den idealistischen Theoretikern und den Romantikern war, sowohl den Dichtern wie den Malern, ist nur auf den ersten Blick befremdlich. Man darf den Begriff der Einheit nicht zu eng fassen, um auch das Unendliche darunter subsumieren zu können.[8] Wie immer Einheit gefasst werden mag, ob mit Ausschluss aller Mannigfaltigkeit als ein absolut einfaches, differenzloses Eines oder mit Einschluss der Mannigfaltigkeit als eine Vereinigung des Mannigfaltigen, ob als unendliches, unbestimmtes Kontinuum, das erst die Pluralität durch Teilung und Teilsetzung in sich ermöglicht, oder als Ganzes, ob auf begrifflicher oder anschaulicher Ebene, man muss sich davor hüten, den Begriff zu eng zu nehmen.

Die theoretischen Grundlagen für eine Ontologie der Sehnsucht und damit auch eine Ontologie des Unendlichen, die das Vorbild für die romantischen Dichtungstheorien abgegeben haben, hat Fichte in seiner *Wissenschaftslehre* von 1794 gelegt. Nach seiner Theorie des Strebens ergibt sich dieses aus dem Wechselspiel des absoluten Ich und des begrenzenden Nicht-Ich. Das Ich wird in seiner unendlichen Aktuosität und Selbstbeziehung eingeschränkt und damit bestimmt durch das Nicht-Ich. Da es auf der einen Seite kraft seiner unendlichen Aktuosität über alle Endlichkeit und Begrenzung immer schon hinaus ist und auf der anderen durch das Nicht-Ich ständig eingeschränkt und bestimmt wird, ergibt sich aus diesem Zusammenspiel ein unendlicher Prozess der Begrenzung und Entgrenzung. Dadurch dass die unendliche Aktivität des Ich eingeschränkt wird durch das Nicht-Ich, verwickelt es sich in Bestimmtheit. Da das Ich jedoch absolut ist, muss es sich aus dieser Verwicklung wieder befreien, und dies äußert sich in einem nimmer endenden Prozess des Eintritt in bestimmte, begrenzte Zustände und des Austritts aus diesen.

8 Aristoteles z.B. hat in seiner *Metaphysik* (1015 b16 ff.) mindestens vier Einheitsbegriffe unterschieden, 1. der Art nach (Individuum), 2. der Gattung nach (Allgemeinheit), 3. der Zahl und 4. dem Kontinuum nach.

Dieser Grundgedanke wird von den romantischen Theoretikern und Dichtern übernommen, von Friedrich Schlegel, ebenso von Novalis. Bei Schlegel bedeutet die unendliche Selbstbezogenheit des Ich, das Selbstsein, ein über alle Objekte Hinaussein. Die Absolutheit der Subjektivität manifestiert sich im Hineingehen in bestimmte objektive Zustände und im gleichzeitigen Darüberhinaussein. Auch hier tritt das formale triadische Verhältnis der unendlichen Selbstbezogenheit, der Begrenzung und des kraft unendlicher Selbstbezogenheit Hinausseins über alle Begrenzung auf. Diese basale Verfassung der Subjektivität von Begrenzung und Entgrenzung begegnet auch in den theoretischen Gedankengängen von Novalis.

Unter den inhaltlichen Argumenten, die für eine monistische Konzeption sprechen, darf eines nicht fehlen, das man das anthropologische nennen kann, das jedoch einen metaphysischen Hintergrund hat und sowohl in der philosophischen wie in der poetischen Literatur der damaligen Zeit eine eminente Rolle spielt. Es ist der Henosis- oder Vereinigungsbegriff, der sich insbesondere in der Vereinigungsphilosophie, in der Ontologie der Freundschaft und Liebe, dokumentiert. Der Begriff der Vereinigung meint im Gegensatz zu dem der Aggregation von Elementen eine solche Verbindung, aus der durch Aufhebung alles Scheidenden und Unterscheidenden eine neue Einheit resultiert. Um ein Beispiel zu nennen: Auf eine Versammlung von Personen, die mit einer Stimme sprechen, lässt sich sowohl der Begriff der Aggregation wie der der Henosis anwenden. Von der Aggregation spricht man dann, wenn man den Komplex von Individuen meint, von Vereinigung, wenn man auf die *eine* Stimme bzw. die *eine* Meinung abhebt, zu der sich die Gesamtheit der Individuen durchgerungen hat. Die Verbindungs- oder Vereinigungsphilosophie hat in der Literatur und philosophischen Anthropologie des 18. Jahrhunderts, angefangen von Hemsterhuis über Herder bis hin zu Schillers *Theosophie des Julius,* eine eminente Rolle gespielt.

Die Reihe sachlicher Argumente und Motive, die für eine monistische Philosophie sprechen, ließe sich fortsetzen; statt dessen sei noch ein methodologisches Argument angeführt, nämlich die Suche nach einem einzigen, allumfassenden Vermittlungsbegriff. Eine monistische Philosophie befriedigt unser Verlangen nach einer einzigen Methode, die die letzte Methode ist und die übrigen impliziert. Die monistische Philosophie allein kann einen solchen Methodenbegriff erstellen, der so konzipiert ist, dass er die spezifischen Methoden in einer bestimmten geregelten Abfolge enthält. Gemäß dem Entwicklungsgedanken wird die Sequenz der Methoden nicht nur als eine Auf-, sondern als eine Auseinanderfolge verstanden. Die *eine* Methode bildet somit einen Funktionszusammenhang aller Methoden, ein Verfahren aller Verfahren. Sie kann dies nur in Form einer Selbstbezüglichkeit, bei der in die Bedeutung der letzten Methode die Entwicklung, die zu ihr führt, mit eingeht. Für alle selbstbezüglichen Begriffe, Theorien und Methoden gilt, dass eben die Entwicklung, auf der sie selbst beruhen in sie eingeht. Dieses Verfahren allein garantiert universale Geltung. Wir begegnen hier dem insbesondere von Hegel entwickelten Methodenbegriff.

Dieser Methodenbegriff findet vielfache Applikation in der Philosophie wie auch in den Einzelwissenschaften. Er eignet sich zur Interpretation des Einzellebens, welches als eine ständig sich überholende Entwicklung aufgefasst wird, in der eine Entwicklungsstufe nicht nur auf die andere folgt, sondern aus der anderen folgt. Er eignet sich darüber hinaus zur Interpretation der Menschheitsgeschichte und findet folglich in der Geschichtsphilosophie Anwendung. Gemäß seinem Verständnis werden die einzelnen Epochen nicht nur, wie Leopold von Ranke oder Jacob Burckhardt es wollten, jede als gleichunmittelbar zu Gott angesehen, sondern als Manifestationen des sich entwickelnden Weltgeistes. In diesem Sinne hat Hegel auch die Philosophiegeschichte interpretiert; die einzelnen Epochen ergeben sich jeweils aus einer Kritik an der vorhergehenden und werden selbst durch die Kritik der nachfolgenden überholt. So folgt auf den Objektivismus der Antike der Subjektivismus der Neuzeit und vollendet sich in der Synthese beider in Hegels Philosophie. Verwendet wird dieser Methodenbegriff aber auch in den vergleichenden Kulturwissenschaften bei der Analyse und Interpretation von Lebensformen und Kulturen. Er findet immer dann Anwendung, wenn es nicht um eine bloße Registrierung von Verhaltensweisen der Völker geht, sondern um den Versuch, diese nach einem Schema auseinander zu erklären. Und schließlich findet dieser Methodenbegriff Anwendung in der Philosophie bei der Interpretation von Ontologien und Metaphysiken. Er kann als Versuch gewertet werden, die Vielzahl von Ontologien und Weltentwürfen in eine konsistente Theorie zu integrieren, in der alle Ontologien miteinander existieren, und zwar so, dass ihre Abfolge und Entwicklung auseinander am Ende eine Ontologie freisetzt, in deren Verständnis die gesamte vorausgehende Metaphysikgeschichte eingeht.

3. Wurzeln des Idealismus:

a) Griechische Philosophie

Nachdem die Motive expliziert sind, die immer und überall, nicht nur zur Zeit des 18. Jahrhunderts eine monistische Konzeption nahelegen, sind die speziellen historischen Wurzeln zu nennen, auf denen der Idealismus beruht. Es gibt zwei solcher: Die eine liegt dem Idealismus zeitlich wie thematisch nahe: es ist die Kantische Philosophie. Die andere liegt zeitlich viel ferner und reicht bis in die antike Philosophie zurück.

Zum einen zwang die Reichhaltigkeit und unerschöpfliche Fülle der von Kant aufgeworfenen Fragen und Probleme sowohl in theoretischer wie praktischer wie ästhetischer Hinsicht dazu, die wirklichen oder mutmaßlichen Mängel der Kantischen Philosophie zu überwinden, ihre angebahnten Aufgaben zu erfüllen und ihre Restprobleme zu lösen. Kant darf bezüglich vieler philosophischer Theorien als Innovator gelten, wiewohl nicht als deren Explikator; denn wie allen Innovatoren erging es auch ihm, dass er die Prämissen seiner Philosophie nicht bis in die letzten Konsequenzen durchdachte und entfaltete und somit kein einheitliches, in sich konsistentes und widerspruchsfreies System schuf.

Der Durchführung eines strengen Systems nahmen sich die nachkantischen Denker an, indem sie, zumindest in der ersten Phase, auf das wahre Verständnis der Kantischen Philosophie, noch nicht so sehr auf deren Fort- und Umbildung zielten. Ihre Absicht war es, Kant besser zu verstehen, als er sich selber verstand. Erst in der zweiten Phase gingen sie über Kant hinaus und zielten auf eine Fort- und Umbildung seiner Philosophie in Form eigener systematischer Gesamtentwürfe. Ihr Ziel war die Realisierung des Ideals jener „künftigen Metaphysik", die Kant proklamiert hatte und zu der er selbst lediglich die Prolegomena, die Vorarbeit, geleistet hatte. Allerdings hat Kant später die Behauptung, dass er nur eine Propädeutik zur Transzendentalphilosophie, nicht das System selbst geliefert habe, zurückgewiesen.[9] Nichtsdestoweniger verstanden sich erst die Idealisten als Erfüller des Kantischen Ideals und als die eigentlichen Systematiker.

Jedoch sei zunächst auf die historisch tief in der Geschichte verankerte Wurzel des Idealismus eingegangen, auf die griechische Philosophie. Das Bewusstsein, mit der monistischen Philosophiekonzeption in einer auf die griechische Arché-Forschung zurückgehenden Tradition zu stehen, kennzeichnet das Selbstverständnis aller Idealisten. Daher soll versucht werden, zumindest in groben Zügen, die Entwicklung der Philosophie von ihren Ursprüngen in Griechenland bis hin zur Kantischen Philosophie unter dem Aspekt der Einheit nachzuzeichnen, um dann, von Kant beginnend, die weitere Entwicklung zu skizzieren.

Die Hen-Kai-Pan-Problematik, die die idealistische Philosophie durchgängig charakterisiert, ist der abendländischen Philosophie mit den Frühgriechen gestellt worden; denn das Thema der frühgriechischen Philoso-

9 Vgl. Immanuel Kant: *Erklärung in Beziehung auf Fichtes Wissenschaftslehre* 1799, (Akad. Ausg., Bd. 12, S. 370 f.).

phie, wie es aus mythischen Traditionen, insbesondere kosmogonischer und theogonischer Art hervorgegangen und diesen in Inhalt und Fragerichtung auch nach der kritischen Absetzung von ihnen verhaftet geblieben ist, war die Frage nach einer Arché. Arché hat die Doppelfunktion von „Anfang" und „Prinzip". Arché bedeutet einmal Anfang, Ursprung, das Erste einer Reihe oder Kette von Derivationen und Dependenzen, an einem Beispiel demonstriert, die Quelle eines Flusses, die den gesamten Flusslauf aus sich entlässt; und Arché bedeutet zum anderen das, was sich als das Eine, Identische und Konstante in allen Ableitungen und Wandlungen erhält und daher Macht über diese hat, also Prinzip oder Substrat derselben ist. Das Verhältnis dieser beiden Bedeutungen zueinander erklärt sich daraus, dass der Ursprung in seinen Derivaten nicht verlorengeht, sondern sich als das in allem durchgängig erhaltende Substrat bewahrt. Die Frage nach der Arché ist somit nicht nur kosmologisch zu verstehen als Frage nach der Herkunft, sondern immer auch ontologisch als Frage nach dem gemeinsamen Substrat in allen Ableitungen und Modifikationen. In diesem Sinne wird die Arché sehr deutlich an einer Stelle bei Platon im *Phaidon* gefasst, an der Platon den Begriff der αἰτία (Ursache), verstanden in des Wortes ursprünglicher Bedeutung, nämlich als ursächliche Sache, als Ur-sache, in der triadischen Formel zusammenfasst: διὰ τί γίγνεται ἕκαστον καὶ διὰ τί ἀπόλλυται καὶ διὰ τί ἔστι.[10] Er bezeichnet sie als das, *wodurch* alles entsteht, wodurch es vergeht und wodurch es besteht, was man auch so ausdrücken kann, dass die ursächliche Sache das ist, *woraus* alles entsteht, *wohinein* alles wieder zurückgeht und *worin* alles besteht. „Aitia" oder „Arché" hat hiernach die Funktion eines Grundes, aus dem alles ableitbar ist bzw. auf den alles zurückgeführt werden kann und der folglich das gemeinsame Substrat aller Dinge bildet. Die von Beginn an in dem Wort „Arché" oder „Aitia" gelegene Doppelbedeutung von Ursprung (Anfang) und Prinzip (Substrat) wird sich noch im Idealismus wiederfinden und dort von Relevanz werden. So stellt beispielsweise Hegel in der *Wissenschaft der Logik* in dem einleitenden Kapitel „Womit muß der Anfang der Wissenschaft gemacht werden?" als methodisches Postulat auf, dass „das Prius für das Denken" auch „das *Erste* im *Gange* des Denken" sein müsse,[11] d.h. dass das, was Prinzip und gemeinsames Substrat ist, was die Basis von allem ausmacht, auch den Anfang der Darstellung abgeben müsse.

Die Frage nach der Arché ist entstanden und entsteht auch heute noch aus dem Bedürfnis, die uns umgebende, chaotisch erscheinende Fülle der

10 Platon: *Phaidon* 96 a, vgl. 97 b.

11 Georg Wilhelm Friedrich Hegel: *Wissenschaft der Logik* in: *Werke* [Ausg. Moldenhauer] [abgekürzt WdL], B. 5, S. 66.

Erscheinungen auf wenige, ja auf ein einziges Prinzip zu reduzieren bzw. aus diesem zu deduzieren; denn nur das, was man auf seine Gründe zurückführen und aus solchen ableiten kann, lässt sich auch verstehen. Rechenschaft über eine Sache geben zu können, heißt, dieselbe auf ihre Gründe reduzieren und aus diesen erklären zu können. Die Frage nach der Arché hat insofern auch noch die Doppelfunktion, eine *ratio essendi* und *ratio cognoscendi* erkunden zu wollen, d.h. ein Seins- und Erkenntnisprinzip, das gleicherweise als Grund des Seienden und damit als Weltentstehungs- oder Ursprungsprinzip wie als Erklärungsgrund und damit als Prinzip der Verstehbarkeit der Dinge fungiert.

Die griechische Arché-Forschung hat die Weichen für die gesamte nachfolgende Tradition gestellt. Durch sie ist unsere Philosophiegeschichte in ihre Bahn eingewiesen worden, die sie seither nicht mehr verlassen hat. Was sich im Laufe der Geschichte geändert hat, ist nicht die Einheitsthematik als solche, sondern die Bestimmung des Einheitsprinzips. Der Repräsentant der Einheit, d.h. der Kandidat, der die Aufgabe der Vergegenwärtigung der Einheitsfunktion übernehmen soll, hat sich gewandelt. Überblickt man die Geschichte der Philosophie, so lassen sich drei Stadien unterscheiden: Das erste ist gekennzeichnet durch eine materialistische Auffassung. Das Einheitsprinzip wurde betrachtet als ein konkretes, materielles, durch die sinnliche Wahrnehmung zugängliches Ding, etwa als Wasser bei Thales, als Luft bei Anaximandros, als Feuer bei Heraklit und Anaxagoras. Fast alle vier Elemente sind versucht worden. Das zweite Stadium ist gekennzeichnet durch eine immateriell-geistige Auffassung, der zufolge das Einheitsprinzip eine nur dem Denken und nicht der sinnlichen Wahrnehmung zugängliche Entität darstellt. Von dieser Art ist das parmenideische ὄν (das Seiende oder Sein) in der Ontologie des Parmenides, von dieser Art sind auch die platonischen εἴδη (Ideen). Das dritte Stadium, das den Beginn der Neuzeit markiert, ist charakterisiert durch die Auffassung des Einheitsprinzips als sich selber denkendes Denken in Form des Selbstbewusstseins. Bei Descartes begegnet es unter dem Namen der *res cogitans,* des „ich denke“, bei Leibniz unter dem Terminus der Monade, bei Kant unter dem der transzendentalen Apperzeption, bei Fichte als Selbstbewusstsein, ebenso bei Schelling und bei Hegel als absoluter Geist oder absoluter Begriff. Die Entwicklung stellt einen Prozess zunehmender Sublimierung und subtilerer Fassung des Einheitsprinzips dar.

Um mit wenigen Worten die erste Phase, die für die ionische Naturphilosophie kennzeichnend ist, zu charakterisieren: Was mögen die Gründe gewesen sein, die Philosophen wie Thales zur Annahme eines konkreten, materiellen Einheitsprinzips wie des Wassers veranlassten? Es lassen sich zumindest drei Gründe anführen: Zum einen ist auf die mythologische Tradition zu verweisen. In vielen Kulturmythen spielt das Wasser die Rolle eines Lebensprinzips, aus dem Leben hervorgeht. Bei Homer heißt es: „Ursprung der Götter ist Okeanus und Thetis die Mutter." Zum anderen war Thales Bewohner Milets, einer Hafen- und Meerstadt an der Küste Kleinasiens, und hat selbstverständlich beobachtet, wie die Fische und die übrigen Meerestiere aus dem Wasser hervorkommen und scheinbar auch aus ihm hervorgehen. Noch Aristoteles nahm an, dass Regenwürmer aus feuchtem Schlamm entstehen. Zum dritten – und das ist wohl das plausibelste Motiv – wird Thales als Naturphilosoph den Wandel des Wassers durch die verschiedenen Aggregatszustände der Flüssigkeit, des Dampfes und des Festen beobachtet haben. Bei Erhitzung verdampft das Wasser, steigt in die Höhe auf, kondensiert dort aufgrund der kälteren atmosphärischen Schichten, ballt sich zu Wolken zusammen und regnet sich ab, geht also wieder in den Zustand der Flüssigkeit über, um bei noch größerer Erkühlung den Zustand des Eises anzunehmen, das seinerseits bei Erwärmung schmilzt und in den Zustand der Flüssigkeit zurückgeht. Wasser macht also einen Kreislauf durch die drei Aggregatszustände, den flüssigen, festen und dampfartigen, durch. Aufgrund dieser Beobachtung mag es plausibel gewesen sein, das Wasser und gerade es zum Grundprinzip aller Dinge zu erklären, aus dem das Viele und Verschiedenartige hervorgeht, während es sich gleichwohl als das Eine und Selbe, als das Konstante in allen Differenzierungen und Wandlungen erhält. Ähnliche Beobachtungen lassen sich bezüglich des Feuers machen, das nicht nur, wenn man diverse Gegenstände hineinwirft, diese verbrennt und gleichsam zu einem verschmilzt, sondern aus sich auch wieder Asche und Rauch entlässt.

Eine kritische Reflexion zeigt jedoch, dass sich im Kreislauf der Dinge, im Wechsel der verschiedenen Aggregatszustände nicht ein konkreter, materieller Stoff wie das Wasser oder das Feuer erhält; denn es ist im Falle des Wassers nicht die Flüssigkeit Wasser qua Flüssigkeit, welche die Konstanz und Permanenz ausmacht, sondern dasjenige, was wir modern H_2O nennen und was sich nur dem Denken erschließt. Die Flüssigkeit ist vielmehr nur eine der Erscheinungsweisen des H_2O. Was sich durchhält, ist nicht ein sinnlich wahrnehmbares, sichtbares, betastbares Ding, sondern ein ausschließlich dem Denken Zugängliches und allein für das Denken Erkennbares.

Dies war auch der Grund, weswegen von Parmenides an die Arché als ein noetisches Prinzip ausgelegt wurde, als eines, das sich ausschließlich dem νοῦς oder νοεῖν, dem Denken, erschließt. In dem Parmenides-Fragment 3 heißt es: τὸ γὰρ αὐτὸ νοεῖν ἐστίν τε καὶ εἶναι,[12] was wörtlich übersetzt be-

12 Parmenides: *Vom Wesen des Seienden*. Die Fragmente, griechisch und deutsch, von Uwo Hölscher, Frankfurt a. M. 1969, S. 16 (fr. 3).

deutet: „Denn dasselbe ist Denken und Sein.“ Es gibt zu dieser Stelle eine unendliche Literatur und Forschung. Strittig ist nicht die Korrelation oder Identität von Sein und Denken, sondern die Frage, ob ein Primat des Seins oder des Denkens besteht und welches der beiden vom anderen abhängt, wozu sich zwei Möglichkeiten der Interpretation anbieten: 1. Der Sinn der Aussage ist, dass dasselbe, was sich denken lässt, auch dasjenige ist, was ist, was Existenz hat. Diese Interpretation konzediert dem Sein den Vorrang und orientiert das Denken am Sein. 2. Die entgegengesetzte These, die vom Neukantianismus vertreten wurde, der durch die idealistische Philosophie inspiriert war, nimmt das Sein als Gedachtsein, als immanenten Gegenstand und Inhalt des Denkens an. Er konzediert dem Denken Priorität und fasst das Sein als Gedachtsein auf, dem keine Existenz unabhängig vom Denken zukommt. Zu welcher Interpretation auch immer man tendiert, hier wird erstmals in der Geschichte der Philosophie die Korrelation bzw. Identität von Sein und Denken proklamiert.

Diese Zuordnung des Denkens zum ontologisch gefassten Einheitsprinzip hat sich in der platonischen Philosophie in der Ideentheorie sowie in allen späteren platonisch beeinflussten Theorien erhalten. Bei Platon sind es die Ideen, die die Funktion der Arché übernehmen und sich dem Denken und nur ihm erschließen, während die materiellen Dinge, die an den Ideen teilhaben, allein den Sinnen zugänglich sind.

Die dritte Phase innerhalb dieser Genese, die den Beginn der Neuzeit markiert, ist gekennzeichnet nicht nur durch die Korrelation des Denkens mit dem ontologisch, d.h. als Sein gefassten Einheitsprinzip, sondern durch die Hineinnahme dieses Prinzips in das Denken und durch die Modifikation des Seins zum Gedachtsein. Indem das Denken sich selber denkt, tritt es in der Ambivalenz von Denkendem und Gedachtem auf und wird in dieser Form als Definiens des Einheitsprinzips betrachtet. Die Statuierung des sich selber denkenden Denkens oder, wie man auch sagt, des Selbstbewusstseins als Grundprinzip der Philosophie und als Definiens des Einheitsprinzips beginnt mit Descartes. Nicht, dass es nicht auch im Altertum schon Theorien des Selbstbewusstseins gegeben hätte. Von Platons *Charmides* an, in dem eine Theorie der ἐπιστήμη ἑαυτῆς, eine Theorie des Wissens vom Wissen, entwickelt wird, über Aristoteles' Theorie der νόησις νοήσεως in der *Metaphysik* und *De anima* bis hin zu dem Aristoteles-Interpreten Thomas von Aquin durchziehen die antike Philosophie Theorien des Selbstbewusstseins. Was das Neue an Descartes' Philosophie ausmacht und den Beginn der Neuzeit charakterisiert, ist die dem Selbstbewusstsein zugeschriebene Fundierungsrolle für die Philosophie. Die unmittelbare Selbsterfahrung ist das Allersicherste und Gewisseste, das Unbezweifelbarste in allem sonstigen Zweifel und damit Grund aller anderen Evidenzen. War die antike Philosophie prinzipiell am Begriff der Wahrheit orientiert, die entweder im ontischen Sinne ausgelegt wurde als Selbstentbergung und Offenbarkeit der Sache oder im logischen Sinne als *adaequatio intellectus rei*, als Anmessung des Denkens an die Sache, und damit als Richtigkeit des Denkens, so tritt an die Stelle des Wahrheitsbegriffes in der Neuzeit der Evidenzbegriff, der die unmittelbarste Gewissheit im Selbstbewusstsein findet.

Wenn bei Descartes das Selbstbewusstsein ausschließlich die Funktion eines Evidenzprinzips hat, d.h. die Funktion, *fundamentum inconcussum* aller anderen Evidenz von Erkenntnissen zu sein, so wird der Aufgaben- und Funktionsbereich des Selbstbewusstseins im Laufe der Zeit zunehmend erweitert. Von Leibniz wird das Selbstbewusstsein als Interpretament der ontologischen Grundbegriffe Substanz, Kausalität und Kraft benutzt und gewinnt geradezu modellhaften Status für die metaphysischen Grundbegriffe überhaupt. Dadurch vollzieht sich in ihm eine ontologische Weitung, die es zum Deduktionsgrund aller ontologischen Begriffe werden lässt und verständlich macht, dass das Selbstbewusstsein später bei Kant und bei den Idealisten als Ursprung der Objekt- und weltbezogenen Begriffe auftritt. Bei Locke tritt der Gedanke der Selbstidentifikation in den Vordergrund. Indem das sich selber denkende Denken in der ambivalenten Funktion von Subjekt und Objekt auftritt, indem ein- und dasselbe Ich qua Denkendes und qua Gedachtes fungiert und gleichwohl sich zur Einheit und Identität zusammenschließt, wird die Frage nach der Möglichkeit der Identifikation mit sich selbst relevant. Jean Jacques Rousseaus Beitrag zum Begriff des Selbstbewusstseins ist dessen Verbindung mit der Logik und den Urteilen. „Das 'ich denke' muss alle meine Vorstellungen begleiten können", heißt es später bei Kant. Diese Theorie, die das Ich als Verbindungsprinzip von Subjekt und Prädikat im Urteil in Anspruch nimmt, wird von Kant aufgegriffen und weiter ausgebaut. In der Kantischen Theorie des Selbstbewusstseins finden sich alle diese Aufgaben und Funktionen in Einheit wieder: 1. die Rolle des Ich als Evidenzprinzip, 2. die Rolle des Ich als Deduktionsgrund für ontologische Grundbegriffe, 3. die Rolle des Ich als Identifikationsprinzip und 4. die Rolle des Ich als logische Urteilsfunktion, als Vehikel aller Urteile.

Mit dieser freilich recht groben Skizzierung der Entwicklung des Einheitsbegriffes ist der Bogen von der Antike bis zur Neuzeit, bis zu Kant, geschlagen, so dass es möglich ist, bei Kant ansetzend, die weitere idealistische Entwicklung in dieser Hinsicht nachzuzeichnen. Bei der Exposition der Kantischen Philosophie kann selbstverständlich nicht auf das gesamte Kantische Gedankengut eingegangen werden, vielmehr können nur die wesentlichen Theorien und Theoreme herausgegriffen werden, die für die Weiterentwicklung seiner Philosophie im Idealismus von fundamentaler Bedeutung gewesen sind.

b) Kantische Philosophie

Die von Kant artikulierten drei Fragen: Was kann ich wissen? Was soll ich tun? Was darf ich hoffen?, welche zusammengefasst sind in der anthropologischen Frage: Was ist der Mensch?, hat Kant selbst zu beantworten versucht, die erste mit der Exposition seines theoretischen Systems in der *Kritik der reinen Vernunft*, die zweite mit der Darstellung seiner Ethik oder praktischen Philosophie in der *Kritik der praktischen Vernunft*, die dritte, die eine religionstheoretische Antwort verlangte, ist von ihm selbst nicht mehr in einem eigenen Werk behandelt worden, sondern, wie früher ausgeführt,[13] erst von Fichte mit seiner ganz im kantischen Sinne und Stil geschriebenen Schrift *Versuch einer Kritik aller Offenbarung*.

Kants revolutionäre Tat in erkenntnistheoretischer Hinsicht besteht in dem, was man und was er selbst in der Vorrede zur 2. Auflage der *Kritik der reinen Vernunft* die sogenannte kopernikanische Wende genannt hat.[14] Es ist die These, dass nicht, wie man bisher annahm und wie man gewöhnlich in der naiven, alltäglichen, vorwissenschaftlichen Einstellung meint, die Erkenntnis sich nach den Gegenständen und deren Bestimmungen richtet, sondern genau umgekehrt die Gegenstände und ihre Bestimmungen sich nach der Erkenntnis und den Erkenntnisbedingungen des Subjekts richten müssen. Nicht die Erkenntnis orientiert sich an den Gegenständern, sondern die Gegenstände an der Erkenntnis und deren Erkenntnisbedingungen. Wie Kopernikus in der Astronomie das alte, tradierte, auf Ptolemäus zurückgehende geozentrische Weltbild durch das moderne heliozentrische ersetzte, so substituiert Kant in der Erkenntnistheorie die alte Theorie von der Orientierung der Erkenntnis an den Gegenständen durch die moderne der Orientierung der Gegenstände an der Erkenntnis.

Der entscheidende Schritt und Durchbruch in das neue Denkgebiet besteht darin, dass Kant die Welt der Dinge und Geschehnisse in den Knoten des Ich zurückschlingt, dass er die Philosophie der Welt auf die Philosophie des Ich reduziert. Seine erkenntnistheoretische Grundthese formuliert er in dem Satz: „Die Bedingungen der Möglichkeit der Erfahrung überhaupt sind zugleich Bedingungen der Möglichkeit der Gegenstände der Erfahrung."[15] Wenn alles, was überhaupt nur Objekt unserer Erkenntnis werden kann, den in unserer Natur gelegenen und uns seit unserer Geburt mitgegebenen Erkenntnisbedingungen gemäß sein muss, wenn die Objekte, um überhaupt Objekte für uns werden zu können, durch unseren subjektiven menschli-

13 Vgl. S. 8 dieser Arbeit.

14 KdrV B 16 f.

15 KdrV B197.

chen Erkenntnisapparat filtriert werden müssen, dann versteht sich, dass die subjektiven Erkenntnisbedingungen zugleich objektive Gültigkeit haben, dass sie zugleich Bestimmungen der Objekte sind, Konstitutionsbedingungen, die das, was Objektivität oder objektiver Zusammenhang in der Natur heißt, überhaupt erst ermöglichen. In diesem Sinne sind die Bedingungen möglicher Erkenntnis zugleich Bedingungen möglicher Gegenstände der Erkenntnis.

So revolutionär dieser Schritt auch erscheint, so ist er doch in der Geschichte der Erkenntnistheorie wohl vorbereitet. Kant hat mit ihm nur die letzte Konsequenz einer langen sich anbahnenden Entwicklung gezogen. Innerhalb ihrer lassen sich drei Stadien unterscheiden:

1. Der naive Realismus, der auch unser natürliches, alltägliches, vorwissenschaftliches Weltbild bestimmt und sich theoretisch im Standpunkt des *common sense*, der Theorie des sogenannten gesunden Menschenverstandes, niederschlägt, geht von der Prämisse aus, dass die Welt unabhängig vom erkennenden Subjekt besteht. Die Dinge haben ihr Dasein und Sosein, gleichgültig, ob ein Wesen existiert, das sie erkennt oder nicht. Dieser Ansicht zufolge sind die Dinge mit ihren spezifischen Bestimmungen unabhängig von uns; sie existieren selbständig außerhalb unserer Kenntnisnahme; die Ereignisse in der Welt laufen ohne unser Zutun und ohne unseren Einfluss ab. Diese Welt in ihrem Ansichsein hätte auch dann noch Bestand, wenn sie nicht nur momentan und kontingenterweise nicht erkannt würde, sondern wenn sie prinzipiell unerkannt bliebe. Nicht nur die Selbständigkeit und Unabhängigkeit der Welt von der erkennenden Subjektivität behauptet der Realismus, sondern auch das Ansichsein ihrer Bestimmungen. Die Dinge sind so, wie sie sich uns in ihren Formen, Farben und sonstigen Qualitäten zeigen.

Eine kritische Reflexion macht deutlich, dass den Gegenständen keineswegs alle Bestimmungen und Merkmale an sich zukommen können, dass vielmehr ein Teil auf das Konto der erkennenden Subjektivität geht und sich aus dem Verhältnis zum Erkenntniswesen, zu dessen Ort, Zeit, näheren Umständen, speziellen Erkenntnisorganen und dergleichen erklärt. Ein Blatt Papier erscheint bei hellem Tageslicht weiß, bei Dämmerung grau, bei Nacht schwarz; ein Kreis erscheint nicht nur rund, sondern aus einer bestimmten Perspektive betrachtet oval; ein Turm zeigt sich von fern als Rechteck, bei Annäherung als runde Gestalt; die Luft, in die wir hinaustreten, wird von dem einen als kühl, von dem anderen als warm empfunden, von dem dritten als moderat.

2. Diese Erkenntnis führte sehr bald zur Differenzierung und Abhebung der sogenannten sekundären Sinnesqualitäten von den primären. Die ersteren umfassen die Gesamtheit der visuellen, auditiven, olfaktorischen, gustatorischen und taktilen Empfindungen, die letzteren die Gesamtheit der räumlich-zeitlichen Bestimmungen, wie Ausdehnung, Größe, Gestalt, Lage, Ort, Bewegung u.ä. Nur die letzteren werden noch den Dingen selbst in ihrem Ansichsein konzediert, die ersteren hingegen den Dingen nur relativ in Bezug auf das erkennende Subjekt. Diese Erkenntnisstufe ist in der cartesianischen Philosophie erreicht.

3. Es bedeutet dann nur noch den letzten Schritt innerhalb dieser Entwicklung, wenn Kant nicht nur die sekundären Sinnesqualitäten, sondern auch die primären in die erkennende Subjektivität verlagert, Raum und Zeit zu Bestimmungen des Erkenntniswesens selbst macht, die dieses als Naturveranlagung mitbringt. Raum, Zeit sowie die Bestimmungen in ihnen sind nicht Kriterien der Dinge selbst, sondern Kriterien der Dinge relativ auf die erkennende Subjektivität. Sie kommen nicht den Dingen an sich zu, sondern lediglich den Dingen als Erscheinungen, d.h. den Dingen, wie sie sich gemäß unseren subjektiven Erkenntnisformen zeigen. Gehen die Gesichts-, Gehörs-, Geruchs-, Tastqualitäten auf das Konto des Einzelsubjekts, des Individuums in seiner je spezifischen Organisation, so gehen die räumlich-zeitlichen Bestimmungen auf das Konto des Subjekts überhaupt, sofern es mit allen anderen menschlichen Erkenntnissubjekten übereinstimmt.

Gemäß dieser mit Kant erreichten Erkenntnistheorie sind die Objekte, ihre Bestimmungen und Verhältnisse Produkte der menschlichen Erkenntnis. In Kants Nachlasswerk, dem *Opus Postumum*, kehrt stereotyp die Formel wieder: „Erfahrung wird nicht [empirisch] gegeben, sondern gemacht“[16] oder „Wir [machen] die Erfahrung [...] selbst [...,] von der wir wähnen [,] durch Observation und Experiment gelernet zu haben“[17], d.h. wir selbst sind Urheber der Gegenstände und Gesetze der Natur. Einer Einschränkung bedarf diese These allerdings; denn nicht in jeder Beziehung sind wir Schöpfer der Naturgegenstände und -gesetze, sondern nur in formaler, nicht in materialer und, was die formale Hinsicht betrifft, auch nur der allerallgemeinsten Bestimmungen und Gesetze. Nur die generellsten Konstitutionsbedingungen werden von uns erbracht, die sogenannten Prinzipien oder Gesetze überhaupt, die Objektivität und objektive Zusammenhänge überhaupt konstituieren, nicht die speziellen oder gar individuellen Bestimmungen. So steht, um einige Beispiele zu nennen, a priori, d.h. vor aller Erfah-

16 Akad.Ausg., Bd. 22, S. 392.

17 Akad. Ausg., Bd. 22, S. 362.

rung und unabhängig von aller empirischen Erkenntnis fest, dass das, was überhaupt Objekt für uns werden soll, eine extensive Größe haben muss, nicht aber, welche. Ebenso ist a priori festgelegt, dass das, was Objekt für uns werden soll, als Substanz mit Akzidenzien bestimmt sein muss, nicht hingegen, als welche Substanz mit welchen Prädikaten. Und ebenso ist a priori präfiguriert, dass, wenn überhaupt etwas in objektive Zusammenhänge eintreten soll, es durch Kausalität und Wechselwirkung bestimmt sein muss, nicht aber ist a priori fixiert, welches spezifische Kausalgesetz oder welches spezifische *actio-reactio*-Verhältnis gilt. Dass der Satz „Die Sonne erwärmt den Stein" grundsätzlich dem Kausalgesetz untersteht, ist a priori determiniert, nicht aber dass es die Sonne ist, die den Stein erwärmt, da es auch ein Feuer sein könnte oder Reibung. Alle über die allgemeinsten Bestimmungen und Gesetze hinausgehenden Determinationen, etwa, dass ich hier und jetzt diesen Tisch vor mir sehe und nicht einen Stuhl, dass dieser Tisch die und die Größe und Gestalt hat, braun und nicht grün ist, einen Meter hoch ist und nicht zwei, alle diese Bestimmungen sind empirischer Natur und gehen auf die Affektion des Dings an sich zurück. Kants Idealismus ist ein formaler Idealismus.

Der über Kant hinausgehende absolute Idealismus erklärt die Objekte in jeder Beziehung, in formaler wie materialer, genauer gesagt, die Objekte in ihrer durchgängig formalen Bestimmung, die mit deren materialer Existenz zusammenfällt, zu Produkten des Geistes. Es versteht sich aber, dass dies auch eine Erweiterung des Subjektbegriffes impliziert, im Sinne einer Hypostasierung und Verabsolutierung des endlichen Ich zum absoluten Ich.

Man hat diesen Schritt Kants in die Subjektivität häufig missverstanden und im Sinne eines Psychologismus interpretiert. Kants Theorie des transzendentalen Idealismus wurde damit gedeutet und missdeutet als psychologische Untersuchung. Dies ist ein Fehler. Denn Transzendentalphilosophie bedeutet Reflexion auf die Bedingungen der Möglichkeit unserer Erkenntnis, die zugleich Bedingungen der Möglichkeit der Gegenstände der Erkenntnis sind in genau dem Sinne, in dem Kant in der Einleitung zur *Kritik der reinen Vernunft* das Wort „transzendental" definiert. Es heißt dort: „Ich nenne alle Erkenntnis transzendental, die sich nicht sowohl mit Gegenständen, *sondern mit unserer Erkenntnisart von Gegenständen, insofern diese a priori möglich sein soll*, überhaupt beschäftigt."[18] Er verwahrt sich dort gegen eine Erkenntnistheorie, die im naiv realistischen Sinne die Dinge in ihrem Ansichsein zu erkennen glaubt, und setzt ihr eine Erkenntnistheorie entgegen, die die Erkenntnis auf die Erkenntnis unserer Art, die Gegenstände zu

18 KdrV A 11 f. B 25.

erkennen, reduziert. Gleichwohl bleibt die Selbsterkenntnis Seinserkenntnis, genauer Erscheinungserkenntnis.

Eine psychologische Untersuchung hingegen hat es wie in der empirischen Psychologie mit der Entstehung und dem Zustandekommen der Erkenntnis zu tun, mit den sich dabei abspielenden Prozessen, mit den Stadien, Mitteln und Wegen, über die sich der Erkenntnisprozess vollzieht, also mit der Frage, wie das erkennende Subjekt zur Erfahrung gelangt, ob zuerst im temporalen Sinne empirische Eindrücke, Sinnesdaten also, gegeben sind, aus denen dann induktiv über die logischen Operationen der Komparation, Reflexion und Abstraktion Begriffe gebildet werden, oder ob zunächst Begriffe vorhanden sind, die dann durch empirisches Material ausgefüllt und realisiert werden.

Solche und ähnliche Fragen der Genese unserer Erkenntnis und der sich dabei abspielenden Mechanismen waren Gegenstand des englischen Sensualismus und der englischen Assoziationspsychologie, der Erkenntnistheorien von Locke und Hume. Aber gerade Humes Erkenntnistheorie, die den Lockeschen Empirismus mit subtileren Mitteln fortsetzt, hatte die Absurdität einer psychologistischen Ausdeutung der Erkenntnistheorie vor Augen geführt und gezeigt, dass das Resultat einer psychologischen Deutung Skeptizismus und Subjektivismus ist, mithin die Auflösung jeder Erkenntnistheorie und der von ihr beanspruchten objektiven Gültigkeit. Humes Verdienst besteht darin, eben diese Konsequenz in ihrer ganzen Radikalität gezogen zu haben. Was übrigbleibt in erkenntnistheoretischer Hinsicht ist ein radikaler Solipsismus; denn wenn Objekterkenntnis so weit aufgelöst wird, dass sie sich auf einen rein psychologischen, privatsubjektiven Vorstellungsprozess reduziert, dann bildet sich in jedem Individuum eine eigene, allein ihm zugehörige Welt aus, die keine intersubjektive Kommunikation mehr gestattet und damit auch die Begriffe von Wahrheit und Falschheit, welche allgemeine Geltung beanspruchen, hinfällig werden lässt. Kant hat keine Gelegenheit vorübergehen lassen, um seine Theorie vor einer solchen psychologistischen Missdeutung zu bewahren. Seine Theorie ist und bleibt Erkenntnistheorie. Und da Erkenntnis stets Erkenntnis von etwas ist und damit intentional strukturiert ist, d.h. eine Beziehung auf ein Objekt hat, mit dem die Erkenntnis übereinstimmen muss, tritt seine Theorie mit dem Anspruch auf, das Wahrheits- bzw. Falschheitsproblem zu lösen, nur dass er das Problem nicht dadurch löst, dass er das Objekt aus dem Subjekt herausnimmt, zu einem demselben transzendenten und gänzlich fremden macht, wobei dann die Schwierigkeit auftritt, wie das Bewusstsein zum Gegenstand hinübergelangen soll, wie es sich demselben anmessen oder dasselbe sich einverleiben soll, sondern dass er das Objekt in die Subjektivität hineinverlegt, die Formen und Strukturen des Objekts mit den Erkenntnisformen und -strukturen koinzidieren lässt, anders zu gesagt, die Erkenntnisformen zu Objektformen macht.

Die Theorie bleibt damit eine logisch-ontologische und keine psychologische; denn die Eigentümlichkeit des Erkennens, nicht nur ein reiner Vorstellungsprozess zu sein, sondern ein sinnvoller Zusammenhang von Aussagen, die wahr zu sein beanspruchen, ist eine logische, keine psychologische Eigenart. Nicht eine Theorie der Vorstellungsbildung ist intendiert, sondern allein eine Reflexion auf die obersten logischen Bedingungen, die zugleich ontologische Bedingungen sind und damit Erkenntnis als Übereinstimmung der Vorstellungen mit dem Gegenstand ermöglichen. Ein wahres Urteil entsteht psychologisch mit derselben Notwendigkeit wie ein falsches; der Prozess, in dem beide sich bilden, unterliegt denselben psychologischen Gesetzen. Der Unterschied zwischen ihnen ist folglich nicht einer ihrer psychologischen Beschaffenheit, sondern ihres logischen Wertes, ihrer logischen Gültigkeit. Da aber das Übereinstimmen mit dem Gegenstand oder, was dasselbe besagt, der Gedanke der Geltung vom Begriff der Erkenntnis unzertrennlich ist, kann dieser Begriff mitnichten ein psychologischer sein. Die Transzendenz des Gegenstandes und die Übereinstimmung der Erkenntnis mit dem transzendenten Gegenstand bleibt auch in der Immanenz des Bewusstseins erhalten; sie bildet das Kernproblem jeder Erkenntnislogik.

4. Kants Erkenntnistheorie

Kants Idealismus ist ein formaler, dem zufolge die Objekte hinsichtlich ihrer Form, nicht hinsichtlich ihrer Materie vom Erkenntniswesen produziert werden, und ebenso werden die objektiven Verhältnisse, d.h. die Relationen, in denen die Objekte zueinander stehen, hinsichtlich ihrer formalen Bestimmungen vom Subjekt hervorgebracht, die wir als Gesetzmäßigkeiten der Natur bezeichnen. Damit taucht die Frage auf, welches diese formalen Bestimmungen sind. Kant unterscheidet zwei Formarten, zum einen Anschauungsformen, zu denen Raum und Zeit gehören, und zum anderen Verstandesformen, zu denen die Begriffe zählen und unter ihnen die obersten, die als ursprüngliche Begriffe oder als Kategorien bezeichnet werden. Diese beiden Formarten sind in unterschiedlichen Erkenntnisvermögen begründet, in Sinnlichkeit und Verstand.

An verschiedenen Stellen seines Werkes, z.B. in der Einleitung zur *Kritik der reinen Vernunft*[19] oder in der *Anthropologie in pragmatischer Hinsicht*[20] nennt Kant Verstand und Sinnlichkeit die beiden Stämme der menschlichen Erkenntnis, die vielleicht einer gemeinschaftlichen, uns aber unbekannten Wurzel entspringen. An der besagten Stelle der *Anthropologie* heißt es:

> „Verstand und Sinnlichkeit verschwistern sich bei ihrer Ungleichartigkeit doch so von selbst zu Bewirkung unserer Erkenntniß, als wenn eine von der anderen, oder beide von einem gemeinschaftlichen Stamme ihren Ursprung hätten; welches doch nicht sein kann, wenigstens für uns unbegreiflich ist, wie das Ungleichartige aus einer und derselben Wurzel entsprossen sein könne."[21]

Kant hat sich mit der Konstatierung der Faktizität dieser beiden Erkenntnisstämme Verstand und Sinnlichkeit begnügt und die Frage nach ihrem gemeinsamen Ursprung, nach der *einen* Wurzel, aus der die beiden Stämme hervorsprießen, bzw. nach dem *einen* Stamm, von dem die beiden Äste des Erkenntnisvermögens abzweigen, nicht mehr gestellt. Er beschränkt sich auf den Nachweis der Notwendigkeit des Zusammengehens der beiden Vermögen zum Zwecke der Erfahrungs- bzw. Objektkonstitution. Damit ist er nur einer der beiden aus der dualistischen Konzeption entspringenden Fragerichtung nachgegangen, nämlich der Frage nach der *Wirkung* der beiden Vermögen hinsichtlich der Erfahrung, nicht mehr der Frage nach ihrem gemeinsamen *Ursprung*. Diesem Problem hat sich erst die idealistische Philosophie gestellt aufgrund ihres monistischen Systemzwangs. Sie erst versucht, den durch den Ansatz dieser beiden heterogenen Vermögen evozierten Dualismus der Kantischen Philosophie durch einen einzigen, beide Vermögen umfassenden Monismus zu überwinden. Und selbst über den Idealismus hinaus ist dies bis zu Heidegger hin ein Problem geblieben. Noch Heidegger versucht in seinem Kant-Buch *Kant und das Problem der Metaphysik*, diese dualistische Konzeption zugunsten einer monistischen zu überwinden, indem er das Vermögen der Einbildungskraft für dasjenige hält, in dem die Vermögen von Sinnlichkeit und Verstand vermittelt sind.

Hinsichtlich der von Kant verfolgten Fragerichtung der Objektkonstitution finden wir bei Kant die These vertreten, dass Anschauung und Verstand einschließlich ihrer genuinen Formen, der Anschauungsformen von Raum und Zeit einerseits und der kategorialen Begriffsformen andererseits, erst in

19 Vgl. KdrV A 15 B 29 und A 835 B 863.

20 Vgl. § 31.

21 Akad. Ausg., Bd. 7, S. 177.

ihrem Zusammenwirken das ergeben, was wir Objekt und objektiven Zusammenhang nennen. Jedes der beiden Vermögen allein ist nur eine notwendige, aber keine hinreichende Bedingung zur Objektkonstitution. Beide zusammen erst ergeben das formale Objekt. Diese These schlägt sich in dem vielzitierten Satz aus der *Kritik der reinen Vernunft* nieder: „Gedanken ohne Inhalt sind leer, Anschauungen ohne Begriffe sind blind“[22] oder in dem Satz: „Es sind aber zwei Bedingungen, unter denen allein die Erkenntnis eines Gegenstandes möglich ist, erstlich *Anschauung*, dadurch derselbe, aber nur als Erscheinung, gegeben wird, zweitens *Begriff*, der dadurch ein Gegenstand gedacht wird, der dieser Anschauung entspricht.“[23] Mit dieser Beschreibung des menschlichen Erkenntnisvermögens in seiner spezifischen Beschaffenheit grenzt Kant dasselbe gegen ein hypothetisch angenommenes göttliches Erkenntnisvermögen ab, das man entweder im Ausgang vom Verstand einen „anschauenden Verstand“ oder im Ausgang von der Anschauung eine „intellektuelle Anschauung“ (*intuitus originarius*) nennen könnte. Die Eigentümlichkeit eines solchen Erkenntnisvermögens bestünde darin, im Denken zugleich kreativ und produktiv zu sein, den Gegenstand des Denkens selbst zu erschaffen, so wie wir uns einen schöpferischen Gott vorstellen, desgleichen im Anschauen des Gegenstandes denselben zugleich zu begreifen. Von dieser Art der Koinzidenz von Begriff und Anschauung aber ist das menschliche Erkenntnisvermögen nicht. Vielmehr zeigt jeder der beiden Bestandteile einen defizienten Modus, der eine Angewiesenheit auf das Pendant und eine Komplettierung durch dieses verlangt.

Es versteht sich, dass wir uns vieles „denken“ können im Sinne von „ausdenken“, „erdenken“, ohne dass diesem auch nur die geringste Wirklichkeit zukäme, ohne dass dieses auch nur die geringste Spur einer objektiven Realität, d.h. eines möglichen Ausweises in der Erfahrung hätte. Die *conceptus factitii*, die selbstproduzierten Begriffe, wie wir sie aus Traum, Phantasie, Phantasmagorie, Einbildung kennen, legen dafür ein beredtes Zeugnis ab. Mögen die selbstgemachten Begriffe als Stoff auch empirisches Material benutzen wie der Begriff des Fabelwesens „Sphinx“ die empirisch belegbaren Begriffe Menschenkopf und Löwenleib, so ist doch ihre Kombination, das Arrangement dieser materiellen Bestandteile, willkürlich und zufällig, ein Produkt unseres Geistes, ohne dass diesem Begriff damit schon irgendein Anschauungsbezug zukäme. Begriffe rein als Begriffe sind ohne Realitätsbezug oder, wie Kant sagt, leer. Der Beweis ihrer Realität muss erst durch die Anschauung selbst erbracht werden.

Aber auch umgekehrt lässt sich plausibilisieren, dass Anschauung allein,

22 KdrV A 51 B 75

23 KdrV A 92 f. B 125

Anschauung qua Anschauung, zur Objekterkenntnis nicht genügt. Bloßes Anschauen nennen wir Hinstarren auf einen Gegenstand oder Dösen oder Vertieftsein in einen Gegenstand, wie uns diese Phänomene zur Genüge bekannt sind, wenn wir in den Anblick eines schönen Kunstwerkes versunken oder in die Lektüre eines interessanten Buches vertieft sind oder hingegeben einer Melodie lauschen. Charakteristisch für diesen Zustand ist die Selbstaufgabe des bewussten Ich, das Eingehen in das Objekt und die Identifikation mit ihm. Dies drückt sich bei Kant dahingehend aus, dass das subjektive Anschauen mit dem objektiv Angeschauten zusammenfällt, also identisch ist. Anschauen als solches ist ein distanz- und differenzloses Hingegebensein an das Objekt. Erst wenn wir aus diesem Zustand erwachen, indem uns jemand auf die Schulter klopft und fragt, was wir gerade sehen oder hören oder lesen, tritt eine Distanzierung des bewussten Ich gegenüber dem angeschauten Gegenstand ein, die die Möglichkeit einer konzeptualistischen Erfassung des Gegenstandes, einer Identifizierung desselben mit einem bestimmten Begriff, eröffnet. Etwas verstehen ist mehr als etwas anschauen. Verstehen impliziert: etwas als etwas erkennen, etwas für etwas halten, etwas als etwas begreifen, und dieses setzt die Ausgrenzung des Etwas aus einem vagen, indifferenten Feld von Möglichkeiten sowie seine Abgrenzung gegen anderes voraus, was wiederum nur möglich ist durch die Subsumption der ausgegrenzten Sphäre unter einen bestimmten Begriff. Nur indem ich dieses vor mir stehende Etwas als Pult, als Möbelstück, als antikes oder modernes Möbelstück, als Gegenstand überhaupt usw. anspreche, schaue ich es nicht nur an, sondern begreife es als dieses und nicht als jenes. Anschauen und Begreifen zusammen erst bringen Objekterkenntnis hervor.

Verstand und Sinnlichkeit haben unterschiedliche Funktionsweisen. Sinnlichkeit ist ein rezeptives Vermögen, das sich aufnehmend verhält und sich das stoffliche Material, aus dem die Objekte bestehen, den Inhalt also, vorgeben lassen muss, wiewohl dies entsprechend den von ihm selbst a priori bereitgestellten Formen des Raumes und der Zeit geschieht. Die Sinnlichkeit ist ein abhängiges, passives Vermögen, insofern sie auf die unmittelbare Präsenz des Gegenstandes angewiesen ist. Der Verstand hingegen ist ein aktives, spontanes Vermögen, dessen Grundfunktion in der Synthesisleistung besteht, dergestalt dass er das durch die sinnliche Anschauung gegebene vielfältige, disparate Material zur Einheit verknüpft. Seine Grundleistung ist Verbindung, und diese dokumentiert sich auf drei Ebenen, welche sich stufenweise aufeinanderschichten: 1. in den Urteilen, 2. in den Kategorien und 3. in den allgemeinen Naturgesetzen. Als synthetisches Vermögen ist der Verstand Urheber dieser drei Gattungen: der Urteile, der Begriffe und der Naturgesetze. Dies gilt es, genauer zu explizieren.

1. Erkennen heißt für Kant wesenhaft urteilen, aussagen in Sätzen. Urteile sind im einfachsten Falle Verknüpfungen von Subjekt- und Prädikatbegriff, in komplizierteren Verknüpfungen von Satzteilen und Sätzen, so etwa im hypothetischen Wenn-dann-Satz („Wenn es regnet, wird die Straße nass") oder im disjunktiven Urteil, im Entweder-oder-Satz („Die Welt ist entweder unendlich oder endlich"). Es gibt gute Gründe für die Annahme, dass es diverse Arten der Verknüpfung eines Mannigfaltigen zur Einheit gibt, also verschiedene Weisen, nach denen sich Einheit stiften lässt. Diese Verknüpfungen sind schon lange vor Kant in der traditionellen Logik bekannt gewesen. Kants innovatorische Leistung besteht lediglich darin, sie geordnet und systematisiert zu haben, und dies in der Urteilstafel. Er unterscheidet in dieser vier Grundaspekte: Quantität, Qualität, Relation und Modalität und ordnet jedem dieser Titel drei Urteilsformen unter. So finden wir unter dem Aspekt der Quantität allgemeine, besondere und einzelne Urteile. Ein allgemeines oder generelles Urteil ist: „Alle Menschen sind sterblich", ein besonderes: „Einige Menschen sind schwarz, andere weiß", ein einzelnes oder singuläres: „Sokrates ist ein Mensch". Entsprechend finden sich unter dem Aspekt der Qualität bejahende, verneinende und unendliche Urteile. Um diese an Beispielen zu belegen: „Die Seele ist sterblich" (positives Urteil), „Die Seele ist nicht sterblich" (negatives Urteil), „Die Seele ist unsterblich" (unendliches Urteil). Unter dem Titel der Relation finden sich kategorische, hypothetische und disjunktive Urteile, z.B. „Der Baum ist grün", „Wenn es regnet, wird die Straße nass", „Die Welt ist entweder unendlich oder endlich" und unter dem Titel der Modalität problematische, assertorische und apodiktische Urteile, z.B. „Die Seele ist möglicherweise unsterblich", „Die Seele ist unsterblich" „Die Seele muss unsterblich sein".

2. Aufgrund seiner Synthesisleistung ist der Verstand nicht nur Deduktionsgrund der Urteilsformen, sondern auch Deduktionsgrund der Begriffsformen, der Kategorien; denn auch Begriffe sind synthetische Einheiten einer Mannigfaltigkeit. Ihr Verhältnis zu den Urteilen denkt sich Kant in Form einer Ableitung, dergestalt dass jedes einzelne der genannten Urteile eine spezifische Kategorie aus sich entlässt, beispielsweise das kategorische Urteil, das in der Verbindung von Subjekt- und Prädikatbegriff besteht, die Kategorie von Substanz und Akzidenz oder das hypothetische Urteil, das ein logisches Grund-Folge-Verhältnis ausdrückt, eine Wenn-dann-Beziehung, die Kategorie der Kausalität, der Beziehung zwischen Ursache und Wirkung. Die Ableitung im Detail wirft eine Reihe schwieriger Fragen auf, die jedoch einer Kant-immanenten Interpretation vorbehalten bleiben müssen. So ist beispielsweise fraglich, ob aus dem disjunktiven Urteil, das ein ausschließendes ist, die Kategorie der Wechselwirkung gewonnen werden kann, die ge-

rade Wechselbeziehung und nicht wechselseitigen Ausschluss besagt, ebenso ob unter dem Quantitätstitel aus dem allgemeinen Urteil oder aus dem einzelnen die Kategorie der Allheit bzw. Einzelheit folgt. Im ersten Fall würde man ausgehen vom Subjektbegriff, der die Gesamtsphäre bezeichnet, im zweiten von dem Prädikatbegriff, der als einzelner für die Allheit der Subjekte Geltung hat.

3. Der Verstand ist aber nicht nur der Ursprung der Urteilsformen, auch nicht nur der Ursprung der Begriffsformen, sondern auch der Ursprung der Naturgesetze, sofern diese nichts anderes sind als auf das sinnliche Material angewandte Kategorien. Den Begriff „Natur" verwenden wir in zweierlei Sinne: in materialer und in formaler Hinsicht. Unter Natur im materialen Sinne verstehen wir die Gesamtheit der realen Gegenstände, unter der Natur in formaler Hinsicht das Wesen der Dinge. So sprechen wir von der Natur des Wassers oder des Feuers und meinen damit die Gesamtheit seiner formalen Konstitutionsmerkmale. Natur in diesem Sinne ist also nichts anderes als das System der formalen Bestimmungen der Gegenstände und ihrer Beziehungen untereinander, und das sind die allgemeinsten Naturgesetze, die a priori vom Verstand, bereitgestellt werden. Das Kausalgesetz beispielsweise, als Prinzip genommen und nicht nach seinen Spezifikationen betrachtet, finden wir nicht etwa in der Natur vor. Wenn wir es dort vorfinden, so nur deshalb, weil wir es selbst hineingelegt haben. Es ist vielmehr ein Produkt des Verstandes, demzufolge wir die Natur allererst begreifen können.

> „So übertrieben, so widersinnig es also auch lautet zu sagen, der Verstand ist selbst der Quell der Gesetze der Natur und mithin der formalen Einheit der Natur, so richtig, und dem Gegenstande, nämlich der Erfahrung angemessen, ist gleichwohl eine solche Behauptung."[24]

Naturgesetze, zumindest die allgemeinsten unter ihnen, sind nichts anderes als Verstandesgesetze, dies insofern, als der Verstand selbst a priori die Regeln bereitstellt, denen gemäß die Naturerscheinungen sich verhalten müssen. Sie geben die Norm ab, innerhalb deren Rahmen alle spezielleren Gesetze erst möglich werden.

Damit sind die wesentlichen Bausteine der Kantischen Erkenntnistheorie genannt: auf der einen Seite die Sinnlichkeit mit den Anschauungsformen Raum und Zeit, auf der anderen Seite der Verstand mit den Urteils- und Be-

24 KdrV A 127.

griffsformen, welche beide zusammengehen müssen zum Zwecke der Objekterkenntnis.

Vor diesem Hintergrund sind die drei für die nach-Kantische, idealistische Entwicklung so bedeutsamen Theorien, die Theorie des Selbstbewusstseins, die Theorie des Dings an sich und die Theorie der Totalität, zu explizieren.

5. Kants Theorie des Selbstbewusstseins

Beim Aufbau seiner Erkenntnistheorie in der *Kritik der reinen Vernunft* wählt Kant eine bestimmte Methode, die man als synthetische charakterisieren kann im Unterschied zur analytischen. Geht die letztere vom Bedingten zu den Bedingungen, so die erstere von den Bedingungen zum Bedingten. Sie beginnt mit der Exposition der Anschauungsformen Raum und Zeit in der Transzendentalen Ästhetik, geht von dort zur Exposition der Verstandesformen, der Kategorien, in der Transzendentalen Logik über und schreitet dann zur Verbindung beider Formarten in der Transzendentalen Deduktion, im Schematismus- und im Grundsatzkapitel.

In der Kant voraufgehenden Leibniz-Wolffschen Metaphysik wurden Verstand und Sinnlichkeit als oberes und unteres Erkenntnisvermögen voneinander unterschieden. Der Verstand wurde als das höhere, vornehmere, superiorische Vermögen angesehen, die Sinnlichkeit als das niedere, schlechtere, inferiorische. Ihre Rechtfertigung fand diese Klassifikation darin, dass von Leibniz die sinnliche Anschauung lediglich als eine unklare und undeutliche, verworrene begriffliche Vorstellung betrachtet wurde. Begriffliches und anschauliches Vorstellen waren bei ihm nicht prinzipiell, nur graduell geschieden, das sinnliche Anschauen nichts anderes als ein Derivat der begrifflichen Vorstellung.

Trotz prinzipiell veränderter Sachlage bei Kant, trotz Anerkennung der Eigenständigkeit der Sinnlichkeit neben dem Verstand bleibt auch in der Kantischen Philosophie die Terminologie von oben und unten erhalten. So heißt es beispielsweise in der langen Anmerkung des § 16 in der Transzendentalen Deduktion, dass „die synthetische Einheit der Apperzeption der höchste Punkt [sei], an dem man allen Verstandesgebrauch, selbst die ganze Logik, und, nach ihr, die Transzendental-Philosophie heften muß, ja dieses Vermögen ist der Verstand selbst“[25], oder Kant bezeichnet im Architekto-

25 KdrV B134.

nik-Kapitel[26] die Vernunft, die dort im erweiterten Sinne aus der Vernunft selbst und dem Verstand besteht, als das ganze obere Erkenntnisvermögen, dem das sinnlich-empirische als das untere Erkenntnisvermögen konfrontiert ist.

Im Blick auf die Terminologie von oben und unten würde der methodische Gang der *Kritik der reinen Vernunft*, der mit der Sinnlichkeit (und ihren Formen) beginnt und übergeht zum Verstand (und seinen Kategorien), als ein Aufstieg von unten nach oben anzusehen sein, der nach Erreichung seines Ziels in den folgenden Kapiteln: der Transzendentalen Deduktion, dem Schematismus- und dem Grundsatzkapitel, wieder absteigt mit der detaillierten Anwendung des Verstandes auf die Sinnlichkeit.

Diese Zickzack-Bewegung von unten nach oben und von oben nach unten wurde bei den idealistischen Kant-Interpreten zum Stein des Anstoßes. Angefangen von Kants Schüler Jacob Sigismund Beck bis hin zu Fichte und Schelling, verlangte man ein System aus einem Guß und eine ihr korrespondierende Methode. Man sah ein solches System nur dann garantiert, wenn man von oben, dem höchsten Punkt, dem „Ich denke", mithin vom Verstand und seinen Kategorien begänne, sodann dessen defizienten Modus respektive der Objektkonstitution aufzeigte und damit zur Sinnlichkeit und deren Formen als notwendiger Komplettierung überginge. Auf diese Weise wäre das, was bei Kant auseinanderklafft, metaphysische und transzendentale Deduktion, d.h. die Herleitung der Kategorien aus dem Verstand und die Anwendung derselben auf die Sinnlichkeit, in einem einzigen Deduktionsgang vereinigt, indem, ausgehend vom Verstand und seiner Analyse in die diversen Verstandesformen, nämlich die Kategorien, deren defizienter Modus, d.h. deren Ungenügen zur Objektkonstitution und damit die Notwendigkeit einer Komplettierung durch die Anschauungsformen aufgezeigt würde, womit ein überzeugender und notwendiger Schritt hin zur Sinnlichkeit und deren Formen von Raum und Zeit garantiert wäre.

Beck war einer der ersten, der dieses Postulat einer Gesamterklärung des Kantischen Systems aus einem einheitlichen Gesichtspunkt aufstellte und realisierte. Beck, der von 1761 – 1840 lebte, war ein persönlicher Schüler Kants, der mit diesem sowohl in mündlichem wie schriftlichem Gedankenaustausch stand. Später als Privatdozent in Halle schrieb er in den Jahren 1793 – 1796 ein dreibändiges kommentierendes Werk zu Kants kritischen Schriften mit dem Titel *Erläuternder Auszug aus den kritischen Schriften des Herrn Professor Kant, auf Anraten desselben*, das von Kant autorisiert war und Becks Hauptwerk darstellt. Der dritte dieser drei Bände mit dem Sondertitel *Einzig möglicher Standpunkt, aus welchem die kritische Philosophie*

26 KdrV A 835 B 863.

beurteilt werden muß hat der Beckschen Interpretation die Bezeichnung „Standpunktlehre" eingetragen. Es war Becks Überzeugung, dass nicht die Fassung und begriffliche Bewältigung der Einzelprobleme der Kantischen Philosophie die maßgebliche Bedingung für das Verständnis derselben sei, sondern einzig der zentrale Gesichtspunkt, aus dem diese behandelt würden. In diesem Sinne erklärte er das „ich denke", das „ich bin mir meiner bewusst", das bei Kant den Namen „Verstand", „Apperzeption" oder „Selbstbewusst-sein" trägt, zum obersten und höchsten Prinzip der Kantischen Philosophie. Während Kant dasselbe, wie die Werkanalyse ergab, im Laufe seiner Untersuchung erreicht, bildet es bei Beck den Ausgangspunkt. In der Anerkennung desselben als sachliches und methodisches Ausgangsprinzip realisiert sich die Standpunktphilosophie.

Mit seiner System- und Methodenkritik, die sich freilich noch ganz im Horizont einer Interpretation und Verständigung über die Kantische Philosophie hielt, ist Beck zum Wegbereiter des monistisch orientierten Idealismus geworden, wiewohl er selber noch nicht zu den eigenständigen, schöpferischen Gestalten des Idealismus zählt, sondern nur zu den Kant-Interpreten und -Nachfolgern. Indem er das „ich denke" zum obersten Deduktionsgrund und zum methodischen Ausgangspunkt der Darstellung eines einheitlichen Systems erklärte, ist er richtungsweisend für den Idealismus geworden und hat einen der idealistischen Kritikpunkte an der Kantischen Philosophie, das Theorem des Selbstbewusstseins, benannt.

Diesem soll jetzt die Untersuchung gelten, freilich noch auf dem Boden der Kantischen Philosophie. Dasselbe soll so expliziert werden, dass nicht nur seine spezifische Fassung durch Kant, sondern auch seine Schwachstellen und die mit ihm aufgeworfenen und unbeantworteten Probleme sichtbar werden, die das nachkantische, idealistische Nachdenken permanent in Bewegung hielten.

Das „ich denke", der höchste Punkt der Kantischen Transzendentalphilosophie, ist innerhalb dieser keineswegs eindeutig bestimmt, sondern stellt einen ambivalenten, schillernden Begriff dar. Zwei Bedeutungen lassen sich bezüglich seiner unterscheiden, zum einen die als Denken in sensu stricto, zum anderen die als Bewusstsein, genauer als Selbstbewusstsein, das von Kant auch „Apperzeption" genannt wird. Wiewohl sich beide Sinne innerhalb der Kantischen Philosophie nachweisen lassen, werden sie nicht streng und auch nicht durchgehend auseinandergehalten, vielmehr miteinander konfundiert. Ein paradigmatisches Beispiel dafür ist die berühmte Anmerkung zum § 16 der zweiten Auflage der Transzendentalen Deduktion, wo es heißt:

> „Und so ist die synthetische Einheit der Apperzeption der höchste Punkt, an dem man allen Verstandesgebrauch, selbst

> die ganze Logik, und nach ihr die Transzendentalphilosophie heften muß, ja dieses Vermögen ist der Verstand selbst."[27]

Die transzendentale Apperzeption, das Vermögen des Selbstbewusstseins, wird hier mit dem Verstand, dem Vermögen des Denkens, identifiziert. Daher ist es keineswegs verwunderlich, wenn das „ich denke" nicht nur im wörtlichen Sinne die Bedeutung von Denken hat, sondern auch die von „ich bin mir meiner selbst bewusst". Dasselbe gilt auch umgekehrt. Auch das Selbstbewusstsein ist ein denkendes.

Gleichwohl lassen sich auch Belege für die Distinktion beider Bedeutungen innerhalb der *Kritik der reinen Vernunft* beibringen. Zu Beginn des Paralogismuskapitels, das wohl die umfangreichste Analyse des Begriffes „ich denke" enthält, insofern Kant sich hier in kritischer Weise mit der tradierten *psychologia rationalis* und dem in ihr thematischen Begriff der Seele auseinandersetzt, der nur ein älterer Name für das Denkvermögen ist, heißt es, dass das „ich denke" „das Vehikel aller Begriffe überhaupt, und mithin auch der transzendentalen sei"[28]. Deswegen, weil es bei allem Denken vorkommt und demselben zugrunde liegt, fungiert es als genereller Ermöglichungsgrund desselben. Das „ich denke", sagt Kant, macht „sogar alle transzendentalen Begriffe möglich", „in welchen es heißt: Ich denke die Substanz, die Ursache usw." [29] In dieselbe Richtung zielt, wenn Kant in einer Anmerkung[30] von dem „Aktus, Ich denke" spricht, der die empirischen Vorstellungen denkt. Weder ist er ohne sinnliches Material möglich noch die empirischen Vorstellungen ohne ihn. Diese und ähnliche Stellen lassen sich nur verstehen, wenn man das „ich denke" als den Denkakt selbst, als die generelle Denkform interpretiert, nicht aber als Reflexion. Das Vehikelsein des „ich denke", seine Beteiligung bei allem Denken, selbst den Kategorien, legitimiert die von Heidegger in *Sein und Zeit* gegebene Ausdeutung: „Das Ich denke ist kein Vorgestelltes, sondern die formale Struktur des Vorstellens als solchen, wodurch so etwas wie Vorgestelltes erst möglich wird."[31]

Auf der anderen Seite finden sich eine Reihe von Stellen, in denen das „ich denke" nicht die Bedeutung des Denkens und Vorstellens selbst haben kann, sondern ausschließlich die des Gedachten und Vorgestellten, mithin die einer Einzelvorstellung im reflexiven Sinne. Eine der bekanntesten Stellen bildet der Anfang des § 16 der Transzendentalen Deduktion, wo es

27 KdrV B 134.

28 KdrV A 341 B 399.

29 KdrV A 343.. B 401.

30 KdrV B 422 f.

31 Martin Heidegger: *Sein und Zeit*, 18. Aufl. Tübingen 2001, S. 319.

heißt: „Das: *Ich denke*, muß alle meine Vorstellungen begleiten *können*". Das „ich denke" hier im Sinne des Denkaktes selbst zu interpretieren, verbietet sich aus zwei Gründen: 1. Das Denken, das im Urteilen besteht, in der synthetischen Verbindung des Mannigfaltigen gemäß den diversen Urteilsformen, muss zum Zwecke der Erfahrungs- und Objektkonstitution immer und überall vorliegen, es muss in Kantischer Terminologie die Vorstellungen, mögen sie anschaulicher oder begrifflicher Art sein, nicht nur begleiten können, sondern faktisch stets *begleiten.* 2. Der Ausdruck des Begleitens erscheint unangemessen, die Beziehung des Denkens zum Mannigfaltigen der Anschauung auszudrücken, die in der urteilsmäßigen Verbindung dieses Mannigfaltigen besteht. Dagegen erhält das „ich denke" in diesem Satz dann einen plausiblen Sinn, wenn es im reflexiven Sinne als Selbstbewusstsein interpretiert wird. Es versteht sich von selbst, dass das Bewusstsein, dass ich es bin, die dieses oder jenes denkt, nicht explizit in jedem Urteil vorhanden sein muss, sondern nur implizit, so dass es jederzeit bei Bedarf expliziert werden kann. Keiner ist sich immer und überall bewusst, dass er es ist, der dieses oder jenes anschaut, denkt, wünscht, verlangt, will usw., wohl aber kann man vernünftigerweise verlangen, dass dieses Selbstbewusstsein als potentielles jeden geistigen Akt begleitet.

Wiederholt betont Kant, dass der Satz „ich denke" ein empirischer Satz sei, der die empirische Anschauung seiner selbst enthält, d.h. die Selbstwahrnehmung enthält. Mit Nachdruck unterstreicht er, dass dieser Satz „die Wahrnehmung seiner selbst ausdrückt" und dass man darin „eine innere Erfahrung habe"[32]. Deutlicher als hier kann der reflexive Charakter des „ich denke" als Selbstbewusstsein nicht zum Ausdruck gebracht werden. Wenn Kant hinzufügt, dass die empirische Anschauung eine unbestimmte, d.h. kategorial noch nicht weiter aufgearbeitete sei oder dass es sich bei der Wahrnehmung um eine Wahrnehmung überhaupt und bei der inneren Erfahrung um innere Erfahrung überhaupt handle, so will er damit auf eine Differenz aufmerksam machen, nämlich auf die zwischen der immediaten Selbsterfassung, die in einem direkten, begrifflich noch nicht weiter bestimmten und artikulierten Selbstbewusstsein besteht, welche man am besten als unmittelbare Selbsthabe, Selbstvergewisserung, Vertrautsein mit sich u.ä. bezeichnen kann, und der indirekten, begrifflich bestimmten und artikulierten, expliziten Selbsterfahrung, welche wir Reflexion im eigentlichen Sinne nennen. Das „ich denke" wird von Kant zunächst nur als direkte Selbsterfassung in Anspruch genommen, die aber wie alle Reflexion die Struktur der Selbstzuwendung und Selbstreferenz aufweist. Erst auf der Basis wahrnehmender Selbstbeziehung kann begriffliche Selbstbeziehung stattfinden.

32 KdrV A 342 B 400 f.

Die Stellenanalyse zeigt, dass Kant mit der Vorstellung „ich denke" zwei diverse Bedeutungen verbindet, zum einen den Denkakt, der im Urteilen besteht und die Struktur einer Synthesis des Mannigfaltigen zur Einheit hat, und zum anderen das Selbstbewusstsein mit Einschluss der Selbstwahrnehmung, die die Struktur eines Selbstverhältnisses aufweist. Das „ich denke" ist beides: 1. verbindende Aktivität und 2. reflexives Bewusstsein.

Die Frage nach dem Verhältnis beider Bedeutungen zueinander, wie und warum diese beiden Strukturen in der höchsten Instanz der Kantischen Philosophie, im „ich denke", zusammentreffen, weshalb das verstandesmäßige Denken, das begreifende Bewusstsein, immer auch Selbstbewusstsein ist und umgekehrt die Reflexion stets mit verstandesmäßiger Synthesisleistung einhergeht, diese Fragen hat Kant nicht mehr beantwortet. Man kann allenfalls noch historisch erklären, wie es zu dieser Verbindung von synthetischer und reflexiver Struktur kam.

Der Kantische Begriff der Apperzeption weist zurück auf einen gleichnamigen Terminus bei Leibniz. Leibniz, dessen Schriften Kant, soweit sie publiziert waren, kannte, mit denen er sich intensiv auseinandergesetzt hat, spricht allem Seienden den Modus der Perzeption zu, was man am besten mit Wahrnehmung, Vorstellung, Bewusstsein im weitesten Sinne übersetzen kann. Nur dem höchsten Seienden kommt Ad-perzeption zu. Wie schon dem Wort zu entnehmen ist, handelt es sich bei der Ad-perzeption um ein Zusätzliches zur Wahrnehmung bzw. zur Vorstellung, zum Bewusstsein, was wiederum nur eine Vorstellung, Wahrnehmung, ein Bewusstsein sein kann. Mit Ad-perzeption ist somit die Vorstellung der Vorstellung bzw. die Wahrnehmung der Wahrnehmung, das Bewusstsein des Bewusstseins, kurzum das Selbstbewusstsein gemeint. Schon hier begegnet die Verbindung von Vorstellung und Selbstbezug. Ähnliches gilt für Christian August Crusius, der Bewusstsein als Vorstellung von Vorstellungen bestimmt. In beiden hatte Kant Vorbilder, so wenn er 1769 in einer Reflexion notiert: „Eigentlich ist die Vorstellung aller Dinge die Vorstellung unseres eigenen Zustandes"[33], was nichts anderes heißt, als dass, da unsere eigenen inneren Zustände Vorstellungen sind, die Vorstellung dieser Zustände Vorstellung der Vorstellungen ist. Und in einem Kolleg der 70er Jahre sagt er: „Das Bewußtsein ist kein Wissen dessen, was mir zukommt. Es ist eine Vorstellung meiner Vorstellungen, es ist Selbstwahrnehmung."[34]

Bedenkt man, dass eine von Kants Grundthesen darin besteht, dass kein Bewusstsein möglich ist ohne aktive Verbindung der Vorstellungen durch den Verstand, also ohne Synthesisleistung, dann erhält man die Doppelfor-

33 Reflexion 3929 (Akad.Ausg. Bd. 17, S. 351).

34 Immanuel Kants *Vorlesungen über Metaphysik*, hrsg. von Pölitz, Erfurt 1821, S. 135.

mel für das, was im Gemüt bei bewussten Vollzügen vor sich geht, nämlich zum einen den Denk- und Urteilsvollzug, der in der Synthesis der mannigfaltigen Vorstellungen besteht, und zum anderen den Bewusstseinsvollzug, der in der Selbstwahrnehmung bzw. in dem begrifflichen Selbstbewusstsein des Denkaktes besteht.

Freilich handelt es sich hier nur um eine historische, nicht um eine sachliche Erklärung der Verbindung beider Bedeutungen. Man kann allenfalls noch verstehen, warum Kant die Frage nach der Zusammengehörigkeit und notwendigen Beziehung beider Strukturen aufeinander liegen ließ. Es wurde schon angedeutet, dass Kant hinsichtlich vieler theoretischer Positionen zwar als Innovator, nicht aber als Explikator gelten kann. Dies gilt auch für die Theorie des Selbstbewusstseins. Seine großartige Leistung besteht in der Entdeckung des Selbstbewusstseins als basales Prinzip der Erkenntnistheorie, als Ermöglichungsgrund jeder Art von Objekterkenntnis. Kant hat das Verdienst, dieses Prinzip als fundierendes Prinzip des theoretischen Systems etabliert, nicht jedoch, dasselbe hinsichtlich seiner Struktur aufgeklärt zu haben. Was ihn interessiert, ist das Selbstbewusstsein in seiner Funktion und Rolle als Deduktionsgrund, ist die Beziehung des Selbstbewusstseins zum Objektbewusstsein, nicht die Aufklärung und Verständigung über die Internstruktur dieses Prinzips. So kommt es, dass Kant das Selbstbewusstsein zwar als höchste Instanz seines Systems in Anspruch nimmt, ohne jedoch aufzuklären, um was es sich handelt und wie es zu dem in Anspruch genommenen Status kommt. Aufgrund seiner einseitigen Fixierung auf die Deduktionsfunktion der Selbsterkenntnis gelingt es ihm nicht, die Selbsterkenntnis unabhängig von ihrer Leistung für die Errichtung seines Lehrgebäudes zu analysieren. Diese Aufklärung haben erst die Idealisten, allen voran Fichte, geleistet. Erst für Fichte wird die Analyse des Selbstbewusstseins auf seine Form hin zentraler Gegenstand der Philosophie.

Hinzukommt, dass für Kant der Versuch einer Aufklärung des Ich scheitert, da dieser in eine Zirkelstruktur mündet. Kant fand heraus, dass man bei der Analyse des Selbstbewusstseins sich ständig um sich selbst dreht und damit einer *petitio principii* erliegt, bei der das Zu-Erklärende bereits in die Erklärung eingeht, somit vorausgesetzt und gerade nicht erklärt wird. Diesen Grundgedanken hat er in verschiedenen Versionen expliziert, von denen eine näher dargestellt sei. In der *Kritik der reinen Vernunft* heißt es, dass man bei dem Versuch, Aussagen über das eigene Selbst zu machen, insbesondere über Eigenschaften, die einem wesentlich zukommen, kein anderes Korrelat zum Vergleich habe als wiederum sich selbst. Aus diesem Grunde „kann ich keine andere als tautologische Beantwortung auf alle Fragen geben, indem ich nämlich meinen Begriff und dessen Einheit den Eigenschaften, die mir selbst als Objekt zukommen, unterschiebe, und das voraussetze, was man zu wissen verlangte"[35]. Will ich also sagen, wer ich selber bin, so kann ich dies nur tun, wenn ich die wahrgenommenen Eigenschaften als meine deklariere. Frage ich nach der Legitimation dieser Maßnahme, so kann ich dieselbe nur durch den Verweis begründen, dass diese Qualitäten bereits als meine bekannt sind bzw. an dem als „Ich" Bekannten wahrgenommen werden. Ich muss als Korrelat des Vergleichs, der mir sagen soll, durch welche Eigenschaften ich definiert bin, mich selbst nehmen und damit voraussetzen, was man zu wissen verlangte.

Mittels dieser Argumentation beweist Kant die Zirkelstruktur des Ich und zeigt, dass das Ich beim Versuch, sich selber zu erfassen, sich ständig im Kreis um sich selber herumdreht. Für seine Flucht ist charakteristisch, dass das Verfolgte durch sich selber verfolgt wird. Das Ich kann sich deshalb nicht definitiv erfassen, weil es beim Versuch seines Erfassens sich seiner selbst immer schon bedienen muss. Erst die Idealisten haben diese Zirkelstruktur nicht mehr als Irritation empfunden, sondern sind, sie in Kauf nehmend, zur inhaltlichen Analyse des Selbstbewusstseins übergegangen. Sie sehen in der Zirkularität keinen logischen *circulus vitiosus,* sondern einen notwendigen epistemologischen Kreisgang, der eine inhaltliche Analyse des Selbstbewusstseins nicht hindert und der Erkenntnis nicht im Wege steht, dass das Ich in der Selbsterfassung sich in sich selber spaltet in ein Ich qua Subjekt und in ein Ich qua Objekt, mithin sich selbst dirimiert in die Dualität und Differenz der Relata, die gleichwohl wieder zur Einheit und Identität zusammengehen.

Kant hat das „ich denke" durch eine Reihe formaler Kriterien charakterisiert, die teilweise beiden Auftrittssweisen des „ich denke", sowohl dem Denken wie dem Selbstbewusstsein, teilweise auch nur der ersteren zukommen.

1. Eines dieser Merkmale ist die Aktivität und Spontaneität des „ich denke". Sie tritt sowohl im Modus des Ich als Denken auf, und zwar als Denkakt, wie auch im Modus des Ich als Selbstbewusstsein, und zwar als Reflexionsakt. Das Argument, mittels dessen Kant die Beschreibung des Denkens als Akt rechtfertigt, ist das folgende: Denken ist Urteilen, und Urteilen besteht im einfachsten Falle in der Verbindung von Subjekt- und Prädikatbegriff, in komplizierteren Fällen in der Verbindung von Satzteilen und Sätzen, allgemein zu reden, in der Verbindung von Elementen zur Einheit. Verbindung aber ist eine Handlung, die Aktivität erfordert. Dass es sich hier um eine spezifische Interpretation des Denkens handelt, die auf bestimmten Prämissen beruht, versteht sich. Sie setzt zum einen voraus, dass dem Denken ein Stoff

35 KdrV A 366.

zur Verarbeitung vorgegeben wird, zum anderen, dass dieser Stoff in einer disparaten, atomisierten Mannigfaltigkeit besteht, die es zum Zwecke einer einheitlichen Objekterkenntnis zu synthetisieren gilt. Mit dieser Interpretation des Denkens als Urteilsakt und Synthesisleistung setzt Kant die Tradition der englischen Erkenntnistheorien von Locke und Hume fort, die man als Sensualismus bezeichnet. Sie besteht in der Annahme, dass Erkenntnis die Bündelung einer Vielheit atomarer Sinnesdaten (*sensations)* ist.

Das Argument, mittels dessen Kant die Aktivität und Spontaneität des Selbstbewusstseins rechtfertigt, wie sie sich im Reflexionsakt dokumentiert, besteht darin, dass Selbstbewusstsein kein Vorfindliches, kein immer schon *ab initio* Bestehendes ist, vielmehr in uns und von uns selbst hergestellt werden muss. Sein Vollzug kann uns zugemutet werden. Das Postulat, sich von der Außenwelt abzuwenden und sich selbst zuzuwenden und dadurch Selbstbewusstsein zu erzeugen, kann an uns ergehen, was nur sinnvoll ist, wenn Selbstbewusstsein nicht immer schon vorliegt, sondern erst hergestellt werden muss.

Dass die Auslegung des Selbstbewusstseins als aktives, spontanes Verhältnis der Selbstbeziehung nur eine der möglichen Interpretationen von Selbstreferenz ist, zeigt die Möglichkeit der Interpretation desselben als *ab initio* bestehende Selbsthabe, als Immer-schon-im-Besitze-Sein. Neben dem dynamischen Verhältnis des Sich-auf-sich-Beziehens steht gleichberechtigt das statische des Immer-schon-auf-sich-bezogen-Seins.

Diese beiden Modelle stehen, historisch gesehen, bereits am Anfang der Geschichte der Theorie des Selbstbewusstseins. Sie sind repräsentiert zum einen in Platons autokinematischer Interpretation des Selbstbewusstseins, zum anderen in Aristoteles Theorie der νόησις νοήσεως, die er als unbewegten Beweger auslegt. Während Platon Selbstbewusstsein als aktives Selbstverhältnis, als interne Bewegung deutet, die nach außen in Bezug auf anderes ruhig in sich selbst verharrt, vertritt Aristoteles die Gegenthese, indem er das Selbstbewusstsein zwar als nach außen bewegendes, jedoch in sich ruhendes Prinzip betrachtet. Für ihn kennzeichnet die νόησις νοήσεως den Zustand der Göttlichkeit, der durch Abgeschlossenheit und Vollendung, durch Suisuffizienz charakterisiert ist, die keiner Veränderung und keinem Wandel mehr unterliegt.

Im Blick auf diese beiden Modelle würde man in Bezug auf Kant sagen müssen, dass seine aktivistische Interpretation des Selbstbewusstseins eher das platonische als das aristotelische Modell fortsetzt. Selbstbewusstsein ist für Kant ein Sich-seiner-bewusst-Werden, nicht ein Sich-seiner-immer-schon-bewusst-Sein.

Diese Beschreibung des „ich denke" in seinen beiden Varianten, dem Denken und der Reflexion, als aktives Prinzip eröffnet eine höchst interessante Perspektive. Sie lässt die Möglichkeit einer Identifizierung des Selbstbewusstseinsbegriffs mit dem Freiheitsbegriff in greifbare Nähe rücken; denn Kants Freiheitsbegriff ist in Analogie zum Selbstbewusstsein konzipiert.

Kants Begriff von Freiheit geht über unsere gewöhnliche Vorstellung hinaus. Normalerweise betrachten wir Freiheit als Grundlage sittlichen Handelns. Sie wird zugestanden bei moralischen Handlungen ebenso wie bei deren Verfehlungen. Freiheit ist nur dann sinnvoll, wenn Verpflichtungen bestehen und wenn die Voraussetzungen hierfür vorhanden sind, nämlich Undeterminiertheit durch äußere Bestimmungen und Möglichkeit zu alternativen Entscheidungen. Wesen, die gänzlich in einen Kausalnexus eingespannt sind, können keine Verpflichtungen haben und damit auch keine Freiheit. Unser gewöhnlicher Freiheitsbegriff ist zu charakterisieren: 1. als Freiheit von, nämlich von äußeren Determinanten, und 2. als Freiheit zu, nämlich zu Handlungen nach sittlichen Gesetzen, die von außen gegeben werden und denen gegenüber wir Verpflichtungen haben.

Kants Freiheitsbegriff unterscheidet sich von diesem insbesondere im letzten Punkt. Zwar heißt auch für ihn Freiheit Freiheit von äußerer Bestimmung sowie Freiheit zu einem Handeln nach sittlichen Gesetzen, nur liegt das Sittengesetz in der Freiheit selbst. Freiheit wird nicht nur aufgefasst als Kausalprinzip, von sich aus etwas in Gang zu setzen, sondern zugleich als Konstitutionsprinzip in formaler, wiewohl nicht in inhaltlicher Hinsicht. Freiheit setzt selbst die Norm, die sie durch ihr Handeln realisiert und kraft deren sie autonom und selbstbestimmt ist. Sie übernimmt nicht von außen Gesetze, sondern sie erzeugt selbst Gesetze im und durch ihr Handeln, so im kategorischen Imperativ, der besagt, dass so zu handeln sei, dass die Maxime individuellen Handelns jederzeit zur allgemeinen Gesetzgebung erhoben werden könne. Sofern der Wille frei ist, trägt er schon das Gesetz in sich; er ist diejenige Form, die ein Handeln hat, wenn es vernünftig und frei ist. Freiheit meint also nicht schrankenlose Willkür, sondern Befolgung eines immanenten Sittengesetzes; Freiheit ist geregelte Freiheit.

Sofern Freiheit diese beiden Momente aufweist: 1. Kausalität, d.h. die Fähigkeit, von sich aus etwas in Gang zu setzen, Anfang von Kausalreihen zu sein kraft eines Sich-Losreißens von anderem und Sich-auf-sich-selber-Stellens und 2. Konstitutionalität, d.h. die Fähigkeit, im Handeln Selbstbestimmung, d.h. Gesetzgebung und damit Reglung der Freiheit zu sein, zeigt sie eine genaue Analogie zum Selbstbewusstsein, insofern auch dieses zum einen im Reflexionsakt Loslösung von anderem und Selbstzuwendung, d.h. ein Sich-auf-sich-selbst-Stellen ist, und im Denkakt Prinzip der Einheitsstiftung, also der Verbindung einer Mannigfaltigkeit von Vorstellungen zur Einheit nach gewissen Arten der Einheitsstiftung, die bei Kant Regeln oder Gesetze genannt werden. Auch das Denken ist eine geregelte und regelnde

Aktivität. Es verbindet nicht willkürlich, sondern nach gewissen immanenten Gesetzmäßigkeiten.

Diese Parallelität im Aufbau von Selbstbewusstsein und Freiheit lässt die Frage nach dem Verhältnis beider Begriffe zueinander und darüber hinaus nach dem Verhältnis von theoretischer und praktischer Philosophie virulent werden. Kant hat mit Antworten hierauf innerhalb seines Werkes gespielt, indem er diverse Möglichkeiten erörtert hat. Drei Varianten lassen sich voneinander unterscheiden: Der ersten zufolge kommt dem Selbstbewusstsein ein Primat zu; Freiheit wird nur als Derivat betrachtet. Für das Verhältnis von theoretischer zu praktischer Philosophie bedeutet dies, dass die praktische Philosophie lediglich eine Konsequenz der theoretischen ist. Praktische Philosophie wird nur verständlich unter der Dominanz der theoretischen; das moralische Gesetz erscheint hier als eine Anwendung der Regelforderung der Vernunft. Kant hat lange geschwankt, ob die praktische Philosophie nichts weiter als eine Konsequenz der theoretischen sei. Die andere Version unterstellt das gegenteilige Verhältnis, indem sie die theoretische Philosophie zur Folge der praktischen erklärt. Freiheit gilt hier als Schlussstein des gesamten Vernunftsystems, des theoretischen wie des praktischen. Die Philosophie vollendet sich im Freiheitsbegriff; dieser stellt das abschließende Prinzip der Systematisierung der theoretischen Philosophie dar. Freiheit ist hier vernünftig, weil sie das vernünftige System abschließt. Es gibt Phasen innerhalb der Kantischen Entwicklung, die eindeutig für diese Entscheidung zugunsten der Freiheit als Primat gegenüber dem Selbstbewusstsein sprechen. Die dritte Möglichkeit wäre die Koinzidenz von Selbstbewusstsein und Freiheit und damit von theoretischer und praktischer Philosophie. Das Selbstbewusstsein erwiese sich zugleich als Freiheitsbewusstsein und umgekehrt das Freiheitsbewusstsein als Selbstbewusstsein. Diese Möglichkeit findet sich erst bei den idealistischen Philosophen realisiert, allen voran Fichte. Mehr noch als Kant betont er den Tätigkeitscharakter des Selbstbewusstseins und zieht damit das Band zum Freiheitsbegriff als Kausalprinzip noch fester. Demselben Zwecke dient auch die Ersetzung des Kantischen Reflexionsmodells durch ein Produktionsmodell. Das Ich wird nicht mehr als ein vorgegebenes betrachtet, das nur auf sich zurückkommt, sondern es produziert sich überhaupt erst selbst. Fichtes Motto wird sein: Das Ich setzt sich selbst, d.h. es erzeugt sich selbst, bringt sich selbst erst hervor im Sinne eines Schöpfergottes und zeigt damit dieselbe Struktur wie die Freiheit als *causa sui*. Auch hier hat Kant mit der Grundlegung seiner Theorie in Fernen gewiesen, die er selbst nicht mehr ausgeschritten und erreicht hat. Er hat lediglich die Prämissen aufgestellt, deren Explikation seinen Nachfolgern oblag.

2. Ein weiteres Kriterium der Kantischen Theorie des „ich denke“ in seinen beiden Interpretamenten ist seine absolute Leere. In Bezug auf das Denken tritt sie als Leerheit des Denkaktes auf, in Bezug auf das Selbstbewusstsein als Leerheit der Vorstellung.

Der Denkakt, rein für sich genommen, ist eine inhaltslose Form; er ist die bloße Form eines Gedankens ohne den Inhalt und Gehalt, ohne das Was des Gedankens. Da das „ich denke“ stets ein „ich denke etwas“ ist, bei dem das Denken auf einen Gegenstand bezogen ist, dieser aber nicht aus dem Denken selbst deduziert werden kann, muss er ihm von außen gegeben werden.

Das Vermögen, das dem Denken den Stoff zur Bearbeitung bereitstellt, ist die sinnliche Anschauung, die als ein rezeptives Vermögen das Vorgegebene aufnimmt und dem Denken zur Verarbeitung anbietet. An dieser Stelle ist der systematische Ort für die Notwendigkeit der Einführung der sinnlichen Anschauung neben dem Denkvermögen. Insofern die Anschauung den Erkenntnisstoff dem Denken zur Bearbeitung offeriert, erweist sie sich als ein komplettierendes Vermögen; denn unser Denken als das eines endlichen Erkenntniswesens ist im Unterschied zu einem hypothetisch unterstellten göttlichen Verstand (*intuitus originarius*), der mit dem Gedanken von etwas sich den Gegenstand des Denkens zugleich gibt, stets angewiesen auf Vorgegebenes. Wollte man das Denken strukturell beschreiben, so müsste man es, da Denken Urteilen ist und Urteilen in der Synthesis einer Mannigfaltigkeit zur Einheit besteht, somit drei Komponenten enthält: 1. die Einheit, 2. die Synthesis und 3. das Mannigfaltige, dasselbe als Synthesis zur Einheit beschreiben, wobei das zu synthetisierende Mannigfaltige ausstünde und allererst durch die sinnliche Anschauung bereitgestellt würde. Aufgrund seiner Leerheit, die sich in der bloßen Form der Verbindung zur Einheit dokumentiert, bleibt das Denken auf fremdes Mannigfaltiges angewiesen.

Genau an dieser Stelle wird die idealistische Philosophie ansetzen und über Kant hinausgehen; denn für sie ist das „ich denke“ nicht nur eine leere Verbindungsform, die auf die Vorgabe des zu verbindenden Stoffes angewiesen ist, sondern eine Form, die den Stoff in sich selbst vorfindet. Durch den Rekurs auf das Ich, sofern es als Selbstbewusstsein verstanden wird, entdeckt sie in diesem die Struktur einer Einheit mit interner Mannigfaltigkeit. Das Ich, das im Selbstbewusstsein sich spaltet in ein Ich qua Subjekt und in ein Ich qua Objekt, mithin in zumindest zwei diverse Glieder, die gleichwohl in einer Einheit verbunden sind, impliziert bereits Mannigfaltigkeit, die es nicht nur zum formalen Deduktionsgrund der Welt qualifiziert, sondern auch zum materialen. Diesen Schritt über eine bloß transzendentale Begründungsfunktion des Ich hinaus in Richtung auf eine spekulative Selbsterkenntnis hat Kant selbst nicht mehr vollzogen. Zu sehr ist er in der

Erfahrung verwurzelt, zu sehr auf das Ich als formalen transzendentalen Deduktionsgrund der Welt gerichtet, als dass er in der Analyse desselben die Bedingungen formaler *und* materialer, denkender *und* anschauender Welterkenntnis hätte finden können. Diese spekulative Höhe haben erst Fichte und Hegel erklommen, indem für sie die transzendental-kritische Selbstbesinnung zu einer transzendental-spekulativen Selbsterkenntnis wird. Für sie ist das „ich denke" nicht mehr nur eine leere Form, die auf Anschauung bezogen ist, sondern ein Denken und Anschauen gleicherweise Verbindendes. Dadurch dass das Ich im Selbstbewusstsein sich in sich selbst dirimiert in ein Subjekt und in ein Objekt, geht es in die Vielheit, in die Materie ein, dadurch dass es sich in dieser Selbstentzweiung und Gegensätzlichkeit aufhebt und in die ursprüngliche Einheit zurückgeht, stellt es sich in seinem Denken wieder her. Das so in sich zurückgehende Bewusstsein begreift sich als ursprüngliche Einheit von Ich und Gegenstand, von Form und Inhalt, von Einheit und Mannigfaltigkeit, von Denken und Anschauung.

Dass mit diesem Schritt inhaltlicher Erfüllung auch die für Kant leere, tautologische Vorstellung des Selbstbewusstseins überwunden wird, versteht sich. War das Selbstbewusstsein für Kant eine inhaltsleere Vorstellung, weil es beim Versuch seiner Selbsterfassung ständig vor sich davonlief, indem es sich, statt sich selbst zu begreifen, sich voraussetzte, so muss in dem Augenblick, in dem dieser Zirkel als notwendige und unumgängliche Bedingung akzeptiert wird, die Selbstentzweiung des Ich und die Vereinigung der Entzweiten zur inhaltlichen Füllung der Selbstvorstellung werden.

3. Handelte es sich bei den bisher genannten Charakteren um solche, die für das „ich denke" in seinen beiden Varianten konstitutiv waren, so finden sich speziell im Blick auf die Denk- bzw. Urteilsfunktion noch weitere Kriterien, die Kant im Paralogismuskapitel systematisiert und expliziert hat, und zwar gerade in diesem, weil dieses Kapitel Kants kritische Auseinandersetzung mit der traditionellen *psychologia rationalis* und dem von dieser thematisierten Seelenbegriff enthält, welcher nur ein älterer Terminus für das „ich denke" ist. Hier decuvriert Kant die Erkenntnisse der traditionellen rationalen Psychologie als Scheinerkenntnisse und reduziert ihren epistemologisch-ontologischen Sinn auf einen bloß formalen, logischen, d.h. auf bloße Strukturen, die in jedem Denk- bzw. Urteilsakt vorkommen.

Eine dieser Strukturen ist die Subjekthaftigkeit jedes Denk- bzw. Urteilsaktes. So heißt es:

> „In allen Urteilen bin ich nun immer das *bestimmende* Subjekt desjenigen Verhältnisses, welches das Urteil ausmacht. Daß aber Ich, der ich denke, im Denken immer als Subjekt, und als etwas,

> was nicht bloß wie Prädikat dem Denken anhänge, betrachtet werden kann, gelten müsse, ist ein apodiktischer und selbst *identischer* Satz; aber er bedeutet nicht, daß ich, als Objekt, ein, für mich, selbst*bestehendes Wesen*, oder *Substanz* sei."[36]

Die These ist hier die, dass jedes Denken ein „ich denke" ist, jedes Urteilen, das in einer Synthesisleistung besteht, ein Subjekt voraussetzt, das dieselbe vollzieht.

Diese Auslegung des Denk- bzw. Urteilsaktes weist die Kantische Theorie als eine egologische aus. Sie unterscheidet sich von nicht-egologischen Theorien, die entweder das Denken als ein anonymes, ich- bzw. subjektloses unterstellen, wie dies die antiken Theorien des Selbstbewusstseins von Platon und Aristoteles getan haben, aber auch einige neuzeitliche, wie Brentanos *Psychologie vom empirischen Standpunkt* unter Rekurs auf Aristoteles oder Husserls frühe *Logische Untersuchungen* (1. Auflage), oder die die Sequenz subjektloser Denkakte als „Ich" bezeichnen, wie dies die Fluss- und Stromtheorien von Hume und James und ebenfalls vom frühen Husserl tun. Anders Kant, der den Denkakt einem Subjekt zuschreibt, mithin denselben als Prädikat des Subjekts betrachtet. Kants Theorie ist ursprünglich orientiert am Substanz-Akzidens-Modell, dem zufolge das Ich als Träger von Eigenschaften und Handlungen aufgefasst wird, als Besitzer von Qualitäten, als Handelnder in Bezug auf Handlungen.

Allerdings distanziert sich Kant von diesem ursprünglich an der Außenwelt orientierten und von dort auf die Innenwelt des Geistes übertragenen Modell insoweit, als er das Ich nicht mehr durch eine reale, konkrete Substanz repräsentiert sein lässt, sondern sich auf den logisch-formalen Status des Subjekts beschränkt. Er reduziert das ontologische Substanz-Akzidens-Modell auf das bloß logische von Subjekt und Prädikat, ohne weiter nach einem möglichen realen Repräsentanten des Ich Ausschau zu halten. Noch weiter in diesem Reduktionsprogramm geht der Neukantianismus, der das Ich auf einen reinen Referenten oder Pol restringiert, auf den die diversen Vorstellungen bezogen und in dem sie zusammengefasst sind. Die egologische Ausdeutung des Selbstbewusstseins, die zu jedem Denkakt zusätzlich ein Subjekt (ein Denkendes) annimmt, das diesen denkt, wird im Idealismus fortgesetzt, wenngleich auch für Fichtes Theorie des Selbstbewusstseins beide Lesarten, sowohl die egologische wie die nicht-egologische, möglich sind. Fichtes Theorie der Selbstsetzung lässt sowohl eine Interpretation zu, die das Ich akzentuiert: „Das Ich setzt sich selbst", wie auch eine, die unter Weglassung des Ich den schwächeren Sinn vertritt: „Das Setzen setzt sich selbst".

36 Kdrv B 407.

4. Eine weitere formale Eigenschaft des „ich denke" ist seine Einheit, und zwar im quantitativen Sinne. In allen Denk- bzw. Urteilsakten ist das Subjekt Eines, ein Singular.[37] Die Einheit des „ich denke" ist, genauer betrachtet, eine synthetische Einheit. Das Ich ist Eines gegenüber einer Pluralität von Inhalten, Themen, Vorstellungen, kurzum gegenüber einer Pluralität epistemischer Modalitäten, die auf es bezogen und in ihm verbunden sein müssen, wenn sie zur Einheit eines Erkenntniszusammenhangs gehören sollen. Die Einheit der Objektvorstellung ist es, die für Kant das Argument abgibt, den Denkakt als einheitlichen zu interpretieren. Hierfür ein Beispiel: Würden die Worte eines Satzes auf verschiedene apprehendierende Subjekte verteilt werden oder die Töne einer Melodie auf verschiedene hörende Subjekte statt auf ein einziges, so würde es niemals zum Verständnis des einheitlichen Satzsinnes oder der einen Melodie kommen. Die Einheit des Sinnzusammenhangs bzw. die Einheit der Melodie setzt ein einziges numerisches Subjekt voraus.

5. Und ein letztes formales Kriterium des „ich denke" besteht in seiner durchgängigen Identität, d.h. in der Bewahrung seiner selbst über die Zeit hinweg.[38] Ging es bei dem vorangehenden Kriterium um eine quantitative Bestimmung, die unter der Quantitätskategorie rubriziert wurde, so geht es hier um eine qualitative, unter der Qualitätskategorie stehende Bestimmung. Handelte es sich bei jener um eine numerische Einheit, so bei dieser um eine qualitative, die auch Selbigkeit oder Identität genannt wird. Sie setzt die numerische Einheit voraus und ist nur auf deren Basis möglich; denn um die diversen Vorstellungen „meine" nennen zu können, müssen dieselben auf ein einziges Ich bezogen und in diesem verbunden sein. Nur unter Voraussetzung der synthetischen Einheit aller Vorstellungen, die durch Beziehung auf ein einziges Subjekt und durch Verbindung in diesem zustande kommt, ist die durchgängige Einheit und Identität des Ich in allen Vorstellungen garantiert.

Handelte es sich bei der numerischen Einheit um die Einheit des Subjekts („ich denke") in Bezug auf eine Komplexität von Vorstellungen in einem einzigen Augenblick, so geht es bei dem jetzt anstehenden Merkmal um die Einheit des Ich über eine zeitliche Sequenz hinweg. Damit das Ich sich mit sich selbst zu verschiedenen Zeitpunkten identifizieren kann, ist die Permanenz und Kontinuität desselben erforderlich. Nicht nur gibt es eine Einheit des Subjekts in Bezug auf einen simultanen Komplex von Vorstellungen, sondern auch eine Einheit dieses Komplexes in der Sukzession der Zeit.

37 Vgl. KdrV B 407.

38 Vgl. KdrV B 408.

Daraus resultiert folgende Stufung: 1. Das Ich ist Eines gegenüber einer einzelnen Vorstellung, etwa der Wahrnehmung der grünen Farbe dieser Tafel oder der Wahrnehmung der Gestalt derselben, der stofflichen Qualität und so fort. 2. Das Ich ist Eines gegenüber einem Komplex von Vorstellungen, im vorliegenden Fall gegenüber der Vorstellung der Tafel, in der die eben aufgezählten diversen Wahrnehmungsvorstellungen verbunden sind. 3. Das Ich in dieser und mit dieser komplexen Vorstellung der Tafel ist Eines über die Zeit hinweg, d.h. die Vorstellung der Tafel ist dieselbe in diversen Zeitpunkten und Zeitabschnitten oder sogar durch das ganze Leben hindurch. Diese Stufungsverhältnisse gelten nicht nur für die objektiven Vorstellungen, sondern auch für das Vorstellungssubjekt. Das „ich denke" kontinuiert sich über die Zeit hinweg, es beharrt als die eine und selbe Denkform in allen Veränderungen und in allem Wechsel.

Die Kantische Theorie des Selbstbewusstseins wurde im Vorausgehenden in der Totalität ihrer formalen Aspekte expliziert, um die richtungsweisenden Perspektiven aufzuzeigen, in denen sich die Theorie im Idealismus weiterentwickeln wird. Kant hat freilich nur die Prämissen zu dieser Entwicklung gelegt, die konsequente Ausarbeitung ist seinen Nachfolgern vorbehalten geblieben. Seine Theorie enthält Elemente von weitreichender Bedeutung, deren volle Tragweite erst in der Entfaltung durch die idealistische Philosophie sichtbar wird.

6. Kants Theorie des Dings an sich

Das zweite wichtige Lehrstück der Kantischen Philosophie, welches in der idealistischen Fortentwicklung Kantischer Gedankengänge eine eminente Rolle spielt, ist die Theorie des Dings an sich. Von ihr hat Jacobi den Ausspruch gefällt, dass man ohne das Ding an sich nicht in die Kantische Philosophie kommen und mit ihm nicht in ihr bleiben könne. Die Theorie des Dings an sich bildet für die Idealisten das Skandalon, das alle Idealisten zu beseitigen und zu überwinden trachten.

Die Unterscheidung von Ding an sich und Erscheinung des Dings an sich steht in engem Kontext mit der Unterscheidung von Verstand und Sinnlichkeit sowie mit der von Form und Materie der Erkenntnis.

Historisch gesehen geht die Unterscheidung von Ding an sich und Erscheinung auf Platon zurück. Sie hat ihren Ursprung in der platonischen Abhebung des Ideenkosmos von der Werde-Welt. Die Ideen und sie allein gelten als Repräsentanten des eigentlichen und wahren Seins, dessen, was unentstanden, unvergänglich und unwandelbar ist, was das, was es ist, immer und ewig ist und sich nur durch den Nous und die Dianoia, d.h. durch Vernunft und Verstand erfassen lässt. Demgegenüber bezeichnet die Werde-Welt das entstehende, vergehende, veränderliche Seiende, das niemals sich selber gleich bleibt, sondern stets sich wandelt und durch die sinnliche Wahrnehmung: Sehen, Hören, Betasten usw. erfasst wird. Trotz aller ontologischen Differenz und terminologischen Distinktion besteht bei Platon eine Beziehung beider Bereiche dergestalt, dass die ewigen, unwandelbaren Ideen das Vorbild für das inkonstante, variable Seiende abgeben, ein Vorbild, das je nach der Auffassung und Funktionsweise der Ideen entweder im logischen Sinne als Allgemeinbegriff fungiert, unter den die Vielzahl der Gegenstände subsumierbar ist, oder im ethischen Sinne als Norm, an der sich sittliches Handeln orientiert, oder im ästhetischen Sinne als Paradigma, das das Vorbild für die Beurteilung der konkreten Gegenstände abgibt.

Man mag sich dies an einem Beispiel vergegenwärtigen: Der wahre Kreis, der stets nur ein einziger sein kann und definiert wird durch die Linie aller Punkte, die vom Mittelpunkt gleichen Abstand haben, und in dieser Verfassung ausschließlich dem Denken zugänglich ist, fungiert als Maßstab der Beurteilung aller sinnlich wahrnehmbaren, konkreten, materiellen Kreise, wie beispielsweise ein an die Tafel oder in den Sand gezeichneter Kreis. Letztere sind Kreise nur im uneigentlichen Sinne, insofern sie unregelmäßige Umwallungen von Kreideklötzchen oder Sandkörnchen bilden, die oft eher einer Ellipse als einer Kreisgestalt gleichen. Der eine wahre Kreis fungiert hier als Richtschnur der Approximation der vielen materiellen Kreise, die auf ihn hin beurteilt werden.

Diese ontologische Differenz zwischen dem wahrhaft Seienden, das sich nur dem denkenden Verstand erschließt, und dem uneigentlich Seienden, das der sinnlichen Anschauung zugehört, die in der Tradition als Zwei-Welten-Theorie bekannt ist, hat eine Entwicklung eingeleitet, deren Ausläufer sich noch bei Kant finden, ja, darüber hinaus in der Moderne.

Die platonische Differenz aufgegriffen und weitergebildet hat Augustin in seiner Unterscheidung der *civitas dei* und *civitas mundi,* wie sie bereits der Titel seines Hauptwerkes *Civitas Dei* ankündigt. Hier wird platonisches Gedankengut angereichert mit hellenistischen und theologischen Gedankengängen, insbesondere solchen des *Alten* und *Neuen Testament*s. Der Ideenbereich wird zur *civitas dei*, zum Reich Gottes und der gläubigen Seelen, und der Bereich der Genesis zur *civitas mundi*, zu unserer Welt. Mit dem ursprünglich rein ontologischen Gegensatz verbindet sich hier der religiöse, der der gläubigen Seelen auf der einen Seite, der des sündenbeladenen Leibes auf der anderen Seite, oder auch der Gegensatz von Christen und Heiden.

Einer Zwei-Welten-Theorie begegnet man ebenfalls bei Leibniz. Sie tritt bei ihm unter den lateinischen Termini *regio* und *mundus* oder unter den französischen *règne* und *monde* auf. Die Augustinische Vorstellung der *civitas dei* mit Gott als Regenten und den unsterblichen Seelen als Mitgliedern des Gottesreiches, ebenso die Differenz zwischen dem „Reich der Gnade" und dem „Reich der Natur" (*gracia et natura*) sind fundamentale Begriffe für Leibniz, die in seiner Theodizee eine eminente Rolle spielen.

Auf ihren ontologischen Gehalt abstrahiert, drückt die Differenz bei Leibniz auf der einen Seite das substantielle Sein der Monaden, auf der anderen das relationale Sein der räumlich-zeitlichen Natur aus. Bei Leibniz findet sich aber nicht nur die Fortsetzung der traditionellen Lehre, sondern zugleich der Ansatz zu ihrer Überwindung; denn das Streben nach Verfeinerung und Differenzierung beider Welten führt zu einem kontinuierlichen, stufenweisen Übergang von der einen Welt zur anderen, zu einer Seinsstufung, die den Zwiespalt und Gegensatz zu überwinden trachtet.

Es fällt nicht schwer, denselben theoretischen Gegensatz auch bei Kant nachzuweisen. Ihren prägnantesten Ausdruck hat die Zwei-Welten-Theorie in seiner Dissertation aus dem Jahre 1770, deren Titel lautet *De mundi sensibilis atque intelligibilis forma et principiis,* deutsch: *Über Form und Prinzipien der Sinnen- und Verstandeswelt.* Wie alle Frühschriften Kants steht auch diese unter starkem Leibnizischen Einfluss. Als *intelligibilia* bezeichnet Kant die Verstandesdinge. Sie drücken die eigentliche und wahre Realität aus, das Ansichsein der Dinge, das sich nur dem Verstand erschließt. *Sensibilia* ist der terminus technicus für die Sinnendinge; mit ihm wird die Realität, wie sie in Raum und Zeit auftritt, benannt. Hier handelt es sich um die Dinge, die sich unserem sinnlichen Anschauen darbieten oder, genauer gesagt, *wie* sie sich unserer sinnlichen Anschauung darbieten, d.h. wie sie von unserer Wahrnehmung registriert werden. In dieser Unterscheidung wird erstmals der Gegensatz von Realität und Phänomenalität, von Ansichsein und Erscheinungsweise relevant.

Trotz aller Kontraposition finden sich doch auch Hinweise zur Überwindung der Kluft und zur Wechselbeziehung beider Sphären bei Kant. Die Differenzierung der Dinge nach *intelligibilia* und *sensibilia* schließt ja nicht aus, dass dieselben Dinge es sind, die sich einerseits in ihrem reinen Ansichsein dem Verstand und nur ihm erschließen und andererseits unserem sinnlichen Wahrnehmungsvermögen gemäß den von diesem bereitgestellten Formen Raum und Zeit zugänglich sind. Es scheint gerade der Sinn der Terminologie von Ding an sich und Erscheinung zu sein, nicht nur auf die Differenz, sondern auch auf die Aufhebung der Differenz hinzuweisen, dadurch dass dasselbe Ding einerseits ein Ansichsein hat und andererseits eine Erscheinung ist, ein Sich-Zeigen und Sich-Präsentieren. Kant bedient sich des Modells von Ding an sich und Erscheinung, um zum Ausdruck zu bringen, dass die Erscheinung Erscheinung des Dings an sich ist. Wenn wir den

Terminus „Erscheinung“ gebrauchen, so meinen wir damit stets die Erscheinung von etwas. Entfiele dieses Etwas, so wäre auch der Terminus „Erscheinung“ hinfällig. So wie das Bild stets Abbild eines Urbildes ist, mithin einen Transzendenzcharakter hat und auf einen Gegenstand oder Sachverhalt weist, der sich in ihm abbildet, so hat auch die Erscheinung einen Transzendenzcharakter und weist auf ein Etwas, dessen Erscheinung sie ist. Ding an sich und Erscheinung sind korrelative Begriffe, die nicht unabhängig voneinander gedacht werden können. Allenfalls wäre es sinnvoll, hier nicht von einem Korrelations-, sondern von einem einseitigen Dependenzverhältnis zu sprechen, insofern die Relata der Gleichung „Ding an sich“ und „Erscheinung“ nicht gleichwertig sind, sondern die Erscheinung das Ding an sich voraussetzt, nicht aber umgekehrt.

Noch in einer zweiten Hinsicht gerät die strenge Grenzziehung zwischen *intelligibilia* und *sensibilia* und den ihnen zugeordneten Erkenntnisvermögen von Verstand und Anschauung ins Schwanken. Kant konzediert eine streng wissenschaftliche, d.h. rationale Erkenntnis nicht nur von den *intelligibilia,* sondern auch und gerade von den *sensibilia.* Die räumlich-zeitliche Anschauung erschließt sich einer streng wissenschaftlichen Erkenntnis in der Mathematik, die für Kant das Paradigma wissenschaftlicher Erkenntnis überhaupt bildet, insofern deren Sätze a priori und apodiktisch gelten. Aber nicht nur die reine Anschauung in Raum und Zeit, sondern auch die empirische ist einer wissenschaftlichen Erkenntnis und Behandlung zugänglich in den mathematischen Naturwissenschaften, insbesondere in der Physik, deren allgemeinste Gesetze und mathematische Konstruktionen für Kant ebenfalls apodiktischen Charakter haben. Wissenschaftliche Erkenntnis findet in beiden Disziplinen statt, sowohl in der reinen Mathematik wie in der angewandten. Der Verstand erweist sich in diesen Disziplinen als kein von der sinnlichen Anschauung isoliertes Vermögen, vielmehr entfaltet er seine rationale Wirksamkeit im Bunde mit der Sinnlichkeit.

Ist einmal die Angewiesenheit des Verstandes auf die sinnliche Anschauung durchschaut, auf die reine in der reinen Mathematik, auf die empirische in den mathematischen Naturwissenschaften, so muss zweifelhaft werden, ob dieser ergänzungsbedürftige und ergänzungsfähige Verstand überhaupt in irgendeinem Falle allein aus sich selbst, ohne alle Ergänzung durch irgendeine Anschauung, Gegenstände zu erkennen vermag, ob er, anders gesagt, nicht auf das Erkennen der Erscheinungen restringiert ist. Ist die absolute Macht und Souveränität des Verstandes erst einmal erschüttert, dadurch dass evident geworden ist, dass er in Wahrheit nur einen Bruchteil des gesamten Erkenntnisvermögens ausmacht, der für sich unvollkommen und unzureichend zum gegenständlichen Erkennen ist, dann muss fragwürdig werden, ob er es in Bezug auf die *intelligibilia* zu einer wirklichen Erkenntnis zu bringen vermag. Es wird Kants These in der Entwicklung über seine Dissertation von 1770 hinaus sein, wie sie in der 10 Jahre später erschienenen Schrift *Kritik der reinen Vernunft* manifest wird, dass der Verstand als solcher zwar auf die *sensibilia* nicht beschränkt ist, sondern ein über sie hinausgehendes, unbegrenztes Feld hat, dass er aber als erkennender Verstand auf die Sinnenwelt beschränkt ist.[39] Diese Einsicht dokumentiert sich erkenntnistheoretisch in der Unterscheidung der epistemischen Modi von Denken und Erkennen. Denken ist nur mittels des reinen Verstandes möglich, Erkennen ausschließlich in Verbindung mit der sinnlichen Anschauung.

Dies hat weitreichende Konsequenzen für die Konzeption der Dinge an sich, der *intelligibilia*. Wenn es wahr ist, dass der Verstand ohne die Sinnlichkeit ohnmächtig und leer ist, dass er zur Gegenstandserkenntnis stets der Anschauung bedarf, wird es da nicht zweifelhaft, ob der Gegenstand, der dem Verstand in seiner Reinheit und Exklusivität korrespondiert, überhaupt noch ein Gegenstand, ein Ding, genannt werden darf? Wenn Gegenstand im eigentlichen Sinne, wie der Erfahrungsgegenstand zeigt, stets ein intelligibles *und* sensibles Moment enthält, indem er durch den Verstand seine Einheit und durch die Sinnlichkeit seine räumlich-zeitliche Mannigfaltigkeit erhält, wird es da nicht fragwürdig, ob das Verstandesding überhaupt noch ein Gegenstand ist? Wird der Verstand, wenn er sich nur auf das Verstandesding bezieht, nicht im Grunde gegenstandslos? So scheint die Folgerung unausweichlich zu sein, dass, wie der Verstand nur ein Faktor des Erkennens, so auch das Verstandesding nur ein Bruchteil des Gegenstandes ist. Das Zu-Ende-Denken dieser Konsequenz führt zu einer Reduktion der Gedankendinge auf bloße Dinggedanken, d.h. Dingformen von der Art der Kategorien, welche eben nur Verstandesformen und keine Dinge sind.

Die Reduktion des Verstandesdinges auf die reine, bloße Verstandesform ist ernst zu nehmen, lässt sich doch über Dasein und Sosein des Verstandesdinges, d.h. eben das Dings an sich, schlichtweg nichts ausmachen. Ob es überhaupt eine Existenz hat, bleibt fragwürdig. Es bleibt ein unbekanntes und unerkennbares x. Da nach Kants Erkenntnistheorie alle Objektivität in die Subjektivität verlegt wird und Gegenständlichkeit sich aus dem Zusammenwirken von Verstandes- und Anschauungsformen ergibt, muss, wenn ein Bestandteil, nämlich die Sinnlichkeit, entfällt, nur noch die reine Verstandesform übrig bleiben. Dieses scheinbar existierende Ding, das in Wahrheit nichts anderes als der Verstand und seine Einheit ist, nennt Kant den transzendentalen Gegenstand.

Wenn Dasein und Sosein des Dings an sich nichts anderes als die Verstandesform sind und wenn weiter gilt, dass der Verstand nur in Verbindung

39 Vgl. KdrV B 166 Anm.

mit der Sinnlichkeit wirkliche Objekterkenntnis ergibt, dann ist es nur noch ein Schritt zu der idealistischen Konsequenz, dass dieser auf die Sinnlichkeit bezogene Verstand der absolute ist, der in Verbindung mit der Sinnlichkeit aus sich selbst die Welt freisetzt und erkennt. In der über Kant hinausgehenden Entwicklung wird der funktionale Sinn, der in dem Ding-an-sich-Begriff liegt, immer bewusster. Diese Entwicklung begreift in ihm immer mehr das Wesen des Denkens selbst, dessen Eigentümlichkeit es ist, in der Beziehung auf die Sinnlichkeit und in der kategorialen Bestimmung derselben zugleich durch sie bestimmt zu werden und in eben dieser Bestimmung Selbstbestimmung zu sein. Ein Verstand, der sich selbst beschränkt und zugleich entschränkt, kann kein anderer sein als der unendliche Verstand.

Obgleich die soeben verfolgte Konsequenz der in der Ding-an-sich-Theorie gelegenen Prämissen zur Aufhebung des Dings an sich und zur Reduktion desselben auf eine bloße Gedankenform führte, anders ausgedrückt, zur Reduktion des Gedankendings auf einen bloßen Dinggedanken, lässt sich aus den Prämissen auch die gegenteilige Konsequenz ziehen, an der Kant selbst festhält, die Existenz des Dings an sich. Hätte Kant mit der ersteren Konsequenz ernst gemacht, was erst seine idealistischen Nachfolger taten, so wäre hierdurch ein Grundpfeiler seiner Erkenntnistheorie kollabiert, nämlich die Theorie der Affektion unserer Sinnlichkeit durch das Ding an sich; denn durch die Aufhebung des Seins des Dings an sich verlöre die Kantische Fundamentalunterscheidung von Ding an sich und Erscheinung desselben allen Sinn und Wert. Wollte Kant an seinem erkenntnistheoretischen Modell festhalten, so musste er auch an dem Begriff des Dings an sich festhalten und ihm eine sein ganzes Denkgebäude bestimmende Funktion zuerkennen.

Innerhalb von Kants kritischer theoretischer Philosophie begegnet das Ding an sich erstmals in der Transzendentalen Ästhetik. Hier übernimmt es die Funktion, der Sinnlichkeit, dem zweiten Bestandteil der Erkenntnis neben dem Verstand, die Daten zu liefern, die sich subjektiv in den Empfindungen bemerkbar machen. Wie der Verstand zum Zwecke der Objekterkenntnis auf die Sinnlichkeit angewiesen ist, die ihm das Material zur Verfügung stellt, das er als aktives, spontanes Prinzip braucht und verarbeitet, so ist ihrerseits die Sinnlichkeit als rezeptives, passives Vermögen auf das Gegebenwerden des Materials angewiesen. Sie empfängt die Data, deren der Verstand bedarf, um sich an ihnen betätigen zu können. Wenn das sinnliche Subjekt den Stoff der Erfahrung aber durch die Empfindung empfangen muss dann bleibt die Frage nicht aus, von wem und woher es ihn empfängt, wer ihm die Empfindung gibt. Wer affiziert die Sinnlichkeit? Die Frage lässt keine andere Beantwortung zu als: das Ding an sich.

Hier beginnt das Ding an sich für die Kantische Erkenntnistheorie unverzichtbar zu werden. Ihm kommt die Erstellung des Stoffes der Erkenntnis zu; auf es geht die individuelle und spezielle Erkenntnis zurück. Wenn bei der Exposition der Kantischen Erkenntnistheorie gesagt wurde, dass die Objekte ihren formalen Bestimmungen nach Produkte der erkennenden Subjektivität sind, so gilt dies nur für die allgemeinsten formalen Bestimmungen, für die Gesetze überhaupt, nicht für die spezielleren Gesetze und Bestimmungen bis hin zu den individuellen Bestimmungen. Mag auch a priori feststehen, dass alles, was überhaupt für uns Objekt werden soll, dem Gesetz der extensiven und intensiven Größe unterstehen muss, dass es dem Kausalgesetz, dem Gesetz der Wechselwirkung usw. gehorchen muss, so ist damit noch nicht bestimmt, welche bestimmte Ausdehnung und Größe und Gestalt, welche bestimmte Qualität es hat oder in welcher spezifischen Determination das allgemeine Kausal- und Wechselwirkungsprinzip sich verwirklicht. Dass hier und jetzt diese und keine andere Tafel von dieser bestimmten Größe, Gestalt, Struktur und Textur, von dieser Stofflichkeit, von dieser grünen Farbe usw. vor mir steht, kann unmöglich auf das Konto meines Erkenntnisvermögens gehen, sondern muss dem Einfluss und der Einwirkung des Dings an sich bzw. der Dinge an sich geschuldet sein. Diese müssen eine Existenz haben; da es ohne ihre Präsenz zu keiner wirklichen Objekterkenntnis käme. Sie müssen zudem Qualitäten und qualitative Differenzen aufweisen, die zu Unterschieden und Übereinstimmungen unserer Empfindungen führen; denn wie anders könnten die qualitativen Unterschiede und Übereinstimmungen unserer Empfindungen erklärt werden wenn nicht durch analoge Verhältnisse in den Dingen an sich. Sie müssen zudem Kraft und Kausalität aufweisen, aufgrund deren sie uns affizieren und Empfindungen in uns bewirken; denn der Terminus „Affektion“ ist nur ein Modus von Kausalität.

Das genauere kritische Durchdenken dieser theoretischen Implikationen zeigt die Fragwürdigkeit dieser Konzeption. Von Jacobi über Fichte bis hin zu Herbart bildet die Kantische Affektionstheorie den permanenten Stein des Anstoßes und den Gegenstand der Kritik. Noch Herbarts Polemik gegen Kant beruht im Wesentlichen darauf, dass uns die Materie der Erscheinung von den Dingen an sich gegeben werden muss, während die Form aus dem Subjekt stammt.

Die Dinge an sich werden von Kant eingeführt und behandelt wie empirische Gegenstände, zwischen denen und dem Erkenntnissubjekt sich das Verhältnis des Affizierens und Rezipierens einstellt. Ein solcher Ansatz mag propädeutisch gerechtfertigt sein, da jede Erkenntnistheorie, auch die Kantische, die das traditionelle Erkenntnismodell auf den Kopf stellt, vom common-sense-level ausgehen muss, um sich verständlich zu machen, und erst im Verlaufe ihrer theoretischen Explikation die gewöhnlichen Vorstellungen revidieren kann. Innerhalb der Kantischen Erkenntnistheorie ist diese aller kritischen Betrachtung hohnsprechende Vorstellung jedoch unhaltbar; denn da das Ding an sich unserem Erkennen unzugänglich und verschlossen bleibt, da die Kategorien objektive Gültigkeit allein im Rahmen sinnlicher Anschauung haben, muss unausgemacht bleiben, ob es ein oder zwei oder mehrere Dinge an sich gibt, ja, ob sie überhaupt zahlfähig sind, ob sie als substantielle Entitäten mit Qualitäten betrachtet werden dürfen, ob ihnen die Funktion der Kausalität und des Affizierens unserer Sinnlichkeit überhaupt zugeschrieben werden kann, da alle diese Kategorien der Quantität, der Qualität, der Relation usw. sich ausschließlich in der Sinnlichkeit vindizieren lassen und nur innerhalb ihrer Sinn und Bedeutung haben. Das Ding an sich ist für unser Erkennen ein unzugänglicher Gegenstand; es ist dies nicht nur momentan und kontingenterweise, sondern prinzipiell. Es entzieht sich generell der Erkenntnis. Zwar stellt es eine notwendige und unumgängliche Voraussetzung für das Gegebenwerden der Sinnesdaten dar, doch ist es als solches unbegreiflich. Das verstehende Erkennen stößt hier auf etwas Verstandloses, Verstandesfeindliches, das der Verstand nicht zu konstruieren und sich einzuverleiben vermag. Es widersetzt sich einer restlosen Auflösung durch den Verstand. Wurde das Ding an sich oben beschrieben als Gedankenform, so ist es hier das diametrale Gegenteil, das Anti des Gedankens, das für den Verstand Unfassbare, Unverständliche.

So bleibt in Bezug auf das Theorem des Dings an sich nur die Alternative, entweder an demselben festzuhalten mit allen Ungereimtheiten und Inkonsequenzen, und dies zum Zwecke der Aufrechterhaltung des Kantischen Erkenntnismodells, das ein Modell des endlichen, beschränkten menschlichen Geistes ist, oder dasselbe aufzugeben zugunsten eines unendlichen, göttlichen Geistes, wie dies der Idealismus getan hat und eine Selbstaffektion des Geistes in formaler wie materialer Hinsicht zu vertreten. So erweist sich hier die Wahrheit von Jacobis Ausspruch, dass man ohne das Ding an sich nicht in die Kantische Theorie kommen und mit ihm nicht in ihr bleiben könne.

7. Kants Theorie der Totalität

Nachdem auf die Theorie des Selbstbewusstseins und des Dings an sich eingegangen wurde, ist jetzt noch ein Blick auf den Begriff der Totalität zu werfen; denn auch dieser hat in der nachfolgenden Geschichte des Idealismus eine eminente Rolle gespielt. Der Begriff der Totalität oder, wie man auch sagen könnte, der Ganzheit, der Absolutheit, der Unbedingtheit ist ein Vernunftbegriff und gehört in den Kontext des Vernunftvermögens, das seinen systematischen Ort innerhalb der Kantischen Philosophie in der Transzendentalen Dialektik hat, die in der *Kritik der reinen Vernunft* auf die Transzendentale Ästhetik und die Transzendentale Analytik folgt.

Wir begegnen in der Vernunft einem dritten epistemischen Vermögen außer der bisher behandelten Sinnlichkeit und dem Verstand, das in der Hierarchie der Erkenntnisvermögen, die Kant aus der traditionellen Metaphysik übernommen hat, über der Sinnlichkeit und dem Verstand steht. Wenn die Sinnlichkeit sich auf das empirische Material bezieht, das durch die Präsenz des Gegenstandes vorgegeben sein muss, also auf die Sinnesdaten, und wenn der Verstand sich auf die Sinnlichkeit und das durch sie bereitgestellte Material richtet, um dieses zu verarbeiten, so bezieht sich die Vernunft auf den Verstand und über diesen auf die sinnlichen Objekte des Verstandes, um diesen die größtmögliche Ausdehnung sowohl im extensiven wie intensiven Sinne bei gleichzeitiger Bewahrung der Verstandeseinheit zu garantieren. Der Verstand begegnet ja faktisch stets als beschränkter. Nicht nur, dass er bei der Objekterkenntnis auf die Sinnlichkeit restringiert ist, auch innerhalb dieser bezieht er sich nur auf einen beschränkten Ausschnitt, niemals auf die sinnliche Anschauung im Ganzen, die niemals *gegeben*, sondern allenfalls zur Erforschung *aufgegeben* ist. Die Subsumption unter die Vernunft unterwirft den Verstand dem Diktat, seine Schranken immer weiter hinaus zu verlagern, seine Erkenntnisse immer mehr zu vergrößern. Die Vernunft befreit den Verstand zwar nicht von seinen Schranken, wohl aber auferlegt sie ihm, jede faktische Beschränkung zu transzendieren, indem sie in ihm das Bewusstsein der Endlichkeit und Begrenztheit weckt und das Streben ins Unendliche wachruft. Die Vernunft enthält das Postulat zur unendlichen konsistenten und kohärenten Verstandeserweiterung, zur unermesslichen Ausdehnung seines Gesichtskreises. Der Vernunftbegriff, der diese Verstandestotalität vorschreibt, heißt Idee.

Wiewohl die Idee keine Fiktion ist, kein bloß willkürlich erdachter Begriff, sondern ein der Vernunft genuines Programm, das den größtmöglichen Verstandesgebrauch vorzeichnet, ist sie unrealisierbar. Die Idee begründet keine Gegenstandserkenntnis wie die Verstandesbegriffe, ihr kommt keine objektive Gültigkeit zu, sondern ausschließlich eine subjektive. Kant spricht in diesem Kontext auch von einer regulativen, nicht konstitutiven Aufgabe. Anders als die Verstandesbegriffe, die eine objektkonstituierende Funktion haben, beschränkt sich die Aufgabe der Idee darauf, dieser objektkonstituierenden Funktion des Verstandes die größtmögliche Ausweitung zu verschaffen. Sie ist daher ein heuristisches Prinzip, eine Methode oder Maxime der Verstandeserweiterung.

Kant unterscheidet drei Ideen, die aus unterschiedlichen Auffassungen des Seienden resultieren, nicht allein des sinnlichen, sondern auch des übersinnlichen, auf das sich der Verstand und mit ihm die Vernunft zumindest problematisch erstrecken. Es sind die Ideen von Gott, Welt und Seele. Die Unterscheidung stammt aus der traditionellen Metaphysik und ist von dort übernommen. Sie erfolgte ursprünglich unter christlich-theologischen Gesichtspunkten; denn nach christlicher Auffassung zerfällt das Seiende in ein erschaffendes Seiendes, Gott als den *creator,* in ein erschaffenes Seiendes, die Welt, das *creatum,* und in ein beide vermittelndes Seiendes, die Seele. Im Horizont seiner Vernunftlehre und der Besinnung auf die eigentliche Bedeutung und Funktion der Ideen kritisiert Kant in der *Kritik der reinen Vernunft,* und zwar im Kapitel „Die transzendentale Dialektik" diese drei traditionellen Begriffe in ihrem Anspruch, wahrhafte Erkenntnisse über die (substantielle) Seele, über die (substantielle) Welt, den Inbegriff der erscheinenden Gegenstände, und über das (substantielle) All der Realität, den Inbegriff aller überhaupt möglichen Bestimmungen (Gott) zu sein. In den „Paralogismen der reinen Vernunft destruiert er die rationale Psychologie mit ihrem Seelenbegriff, in den „Antinomien der reinen Vernunft" die rationale Kosmologie mit ihrem Weltbegriff und im Kapitel „Das Ideal der reinen Vernunft" die rationale Theologie mit ihrem ontologischen, kosmologischen und physiko-theologischen Beweis der Existenz Gottes und zeigt, dass Sinn und Bedeutung dieser Begriffe einen nur regulativen Gebrauch rechtfertigen.

Im letzten Dialektik-Kapitel findet sich, allerdings nur bei aufmerksamer Betrachtung und tiefem Eindringen in das Verständnis der Kantischen Philosophie, wie es aber von den idealistischen Nachfolgern Kants vorausgesetzt werden kann, eine Kontroverse vorgezeichnet – man könnte geradezu von einer Antinomie zweier Totalitätsbegriffe sprechen –, die prägend für den Idealismus wurde und eine Antizipation derjenigen Kontroverse darstellt, die sich zwischen dem späten Fichte ab 1800 und Hegel zugetragen hat. Der Streit um die Fassung des Absoluten, der in Fichte und Hegel auf zwei Personen verteilt ist, wird von Kant als ein im Grunde unlösbarer Streit innerhalb der einen Vernunft dargestellt. Kant entwirft zwei gleichberechtigte Modelle der Totalität, das eine in dem Abschnitt „Von dem transzendentalen Ideal"[40], das andere in dem Anhang „Von dem regulativen Gebrauch der Ideen der reinen Vernunft"[41]

In dem ersten identifiziert er die Totalität mit dem Inbegriff alles nur erdenkbaren Seins, mit dem *ens realissimum, ens necessarium, ens absolutum,* also mit dem, was wir traditionellerweise Gott nennen, und unterstellt, dass dieses der zureichende Grund aller anderen Dinge (und Welten) sei, die aus ihm durch kontinuierliche Einschränkung der Seinsprädikate stufenweise und systematisch abgeleitet werden können. Zu diesen Ableitungen aus der

40 KdrV A 571 ff. B 599 ff.

41 KdrV A 642 ff. B 670 ff.

Urrealität gehört auch unsere Erscheinungswelt, die nur eine unter anderen möglichen, erdenkbaren Welten ist. Unsere phänomenale Welt ist hiernach nicht das Ganze des Seienden, sondern nur eine Möglichkeit der Realisation neben anderen Möglichkeiten, Teil neben anderen Teilen. Das Verhältnis dieser Ableitungsteile zum Grund wird nach dem Modell der Kausalkategorie gedacht als Ursache-Wirkungsverhältnis oder allgemeiner als Grund-Folge-Beziehung, als Verhältnis zwischen Prinzip und Prinzipiiertem.

Das *ens realissimum* ist hier nicht als *Inbegriff* aller Realität zu verstehen, so dass alle Realität durch zunehmende kontinuierliche Einschränkung zu gewinnen wäre, sondern es stellt den *Grund* aller Realität dar, aus dem letztere als seine Folge deduzierbar ist. Das Verhältnis ist nicht ein Inbegriffsverhältnis mit Einschränkung, sondern ein Deduktions- und Dependenzverhältnis mit Über- und Unterordnung.[42]

Im Antimodell, das im „Anhang zur transzendentalen Dialektik" entworfen wird, wird unsere Erscheinungswelt, die phänomenale Welt, zur Totalität gesteigert. Die Welt ist so, wie sie uns in Raum und Zeit erscheint und nach den Kategorien bestimmt wird. Jenseits ihrer gibt es nicht noch ein anderes, nur denkbares Seiendes, sondern alles Seiende ist das raum-zeitliche. Die Sinnenwelt fungiert hier als das Substrat der durchgängigen Bestimmung aller Dinge. Während das erste Modell von der Differenz zwischen Erscheinungswelt und noumenaler Welt lebt oder, anders gesagt, von der Differenz zwischen Erscheinung und Ding an sich, fallen hier beide Welten ununterscheidbar zusammen. Wer sagt uns denn, dass es über unsere Welt hinaus, über die Welt, wie wir sie kennen, noch eine andere Welt gäbe? Dass die Sinnenwelt als Erscheinungswelt bezeichnet wird unter Verwendung eines Begriffes, der dem Modell der Beziehung zwischen Ding an sich und Erscheinung entstammt und normalerweise Erscheinung von etwas bedeutet, darf keinen Anstoß erregen, da der Terminus untechnisch oder sogar inadäquat gebraucht sein könnte.

Beide Modelle, Thesis wie Antithesis, sind nichts weiter als transzendentale Hypothesen, reine Vernunftbegriffe, die nur das Minimalkriterium von Wahrheit, nämlich logische Möglichkeit, für sich in Anspruch nehmen können, nicht das zureichende Kriterium der realen Möglichkeit. Sie sind lediglich widerspruchsfrei denkbar, nicht jedoch realiter beweisbar, noch auch widerlegbar, da hierzu jeweils die Totalität der Welt gegeben sein müsste, die uns aber niemals gegeben, sondern immer nur aufgegeben sein kann. Mit beiden Hypothesen ist ein unterschiedliches Interesse verbunden. Kommt die erste Hypothese dem Bedürfnis der *praktischen* Vernunft entgegen, indem sie den sinnlichkeitsbezogenen Verstandesgebrauch, aus dem das theo-

42 Vgl. KdrV A 579 B 607.

retische Wissen entspringt, einschränkt und dadurch Platz für den Glauben und die moralischen Ideen schafft, so entspricht die zweite dem Bedürfnis der *theoretischen* Vernunft, indem sie die totale Restriktion des Verstandes auf die Sinnlichkeit zum Ziel ihres Forschens erklärt und so der Erkenntnis größtmögliche Erweiterung verheißt. Letztere ist ein Imperativ für das wissenschaftliche, insbesondere für das erfahrungswissenschaftliche Denken.

Diese Antithese hat ihre Fortsetzung und Vertiefung in den antithetischen Konzepten über das Absolute beim späten Fichte und bei Hegel gefunden. Das erste Modell, das aus dem Hiat zweier Bereiche, des eigentlichen, wahren göttlichen Seins und des Erscheinungsbereiches, d.h. unserer Art und Weise zu wissen, resultiert, findet eine Fortsetzung in Fichtes Spätphilosophie, die auf der Differenz von absolutem göttlichen Sein und seiner Erscheinungsweise, die mit unserem Wissen zusammenfallt, basiert, während das zweite Modell, das die Identität von noumenaler und phänomenaler Welt, d.h. von unserer Art zu wissen, mit dem Sein behauptet, eine Fortsetzung in Hegels *Wissenschaft der Logik* findet, die auf dem Zusammenfall und der Identität von sich selber wissendem Wissen und absolutem Sein beruht. Auf diese Theorien ist an späterer Stelle der Abhandlung zurückkommen und ausführlich einzugehen. Trotz aller bestehenden und nicht zu übersehenden Differenzen Kants zum Idealismus sind hier von ihm Grundmöglichkeiten vorgezeichnet worden, in deren Bahnen sich das idealistische Denken bewegt und die von Fichte und Hegel jeweils auf spezifische Weise ausgeschritten worden sind.

8. Reinhold als Vertreter eines methodischen Monismus

In diesem Kapitel ist beabsichtigt, den Verlauf der Gedankenentwicklung von Kant bis Fichte nachzuzeichnen. Der erste Philosoph, der über Kant hinausging, war Karl Leonhard Reinhold. Er ging insofern über Kant hinaus, als er den Versuch unternahm, der Kantischen Philosophie eine streng systematische Form zu geben, und da Systematik, wenn sie ernst genommen wird, stets auf ein einziges, auf ein letztes Prinzip hinausläuft, so bedeutete das, dass er sie aus einem einzigen Prinzip darzustellen suchte. Sein Ziel war eine strenge einheitliche Durchführung des Kantischen Programms, eine konsequente und konsistente Ableitung des Systems aus einem höchsten Prinzip, eine straffe Darstellung des Ganzen, wobei auch die Begriffe und Theoreme, die bei Kant eine oft nicht zu vermeidende Zweideutigkeit hatten, wie das Theorem des Selbstbewusstseins oder der Begriff des Dings an sich, eine peinlich genaue Definition erfuhren. Allerdings brachte es Reinhold nur bis zu einem methodischen Monismus, nicht bis zu einem metaphysischen, d.h. lediglich bis zu einer monistischen Darstellung aus einem *logischen* Prinzip, einem Grundbegriff bzw. Grundsatz, nicht zu einer Darstellung aus einem *ontologischen* Prinzip. Letzteres ist erst Fichte vorbehalten gewesen. Insofern nimmt Reinhold eine Zwischenstellung zwischen Kant und Fichte ein; er gilt als Mittler zwischen der Kantischen Vernunftkritik und der Fichteschen Wissenschaftslehre. Obwohl er über Kant hinausging in Richtung auf den für den Idealismus typischen Monismus, ist er den vorgezeichneten Weg nicht zu Ende gegangen.

Versucht man Reinhold im Ganzen zu beurteilen, so gehört er zu den unmittelbaren Kant-Nachfolgern, und zwar zusammen mit Jacob Sigismund Beck und Salomon Maimon zu einer Gruppe von Kant-Anhängern, der in Gottlob Ernst Schulze und Friedrich Heinrich Jacobi eine Gruppe von Kant-Kritikern gegenüberstand. Diese Gruppe unmittelbarer Kant-Nachfolger repräsentiert den Typus von Adepten, denen es einzig um die Lehre des Meisters ging und die in positivem oder negativem Sinne noch ganz in dessen Banne standen. Diese Philosophen bewegten sich noch völlig im Rahmen und auf der Basis der Kantischen Prämissen. Sie bemühten sich um eine Verständigung der Kantischen Philosophie, um deren konsistente und kohärente Darstellung und um die Darlegung der Inkonsequenzen und Inkonzinnitäten. Diesen mehr unselbständigen, zwar auffassungsfähigen, aber auch anpassungsbedürftigen Philosophen folgten in Fichte, Schelling und Hegel die selbständigen, eigentlich produktiven und genialen Köpfe. Es versteht sich, dass eine geistige Bewegung, wie sie von Kant ins Leben gerufen wurde, erst im Laufe der Zeit freier und selbständiger wird und ihre eigenen Produkte hervortreibt. Reinhold zählt zu den Schematikern und Dogmatikern, die um den Preis der Tiefe der Kantischen Argumentationen eine einheitliche und konsequente Ausgestaltung von dessen Philosophie suchten. Seinem Denken fehlt noch die lebendige Schöpferkraft, durch die sich Fichte, Schelling und Hegel auszeichnen.

Karl Leonhard Reinhold wurde 1758 in Wien geboren. Nachdem er 1785 Kants *Kritik der reinen Vernunft* kennengelernt hatte, veröffentlichte er seine sogenannten *Briefe über die Kantische Philosophie.* Dieses Erstlingswerk machte Reinhold mit einem Schlage bekannt, da seine Interpretation die Anerkennung und das Lob Kants fand. Diese *Briefe über die Kantische Philosophie* zeichneten sich dadurch aus, dass sie lebenswahr den Weg verfolgten, den Reinhold sich selbst zur Vernunftkritik gebahnt hatte und damit den Eindruck des unmittelbar Empfundenen und Durchlebten erzeugten, einen Eindruck, den die objektive und vorsichtig abwägende Sprache Kants niemals hatte erzeugen können. Mit dieser Darstellung kam Reinhold zudem dem Geschmack der Zeit entgegen und gab damit den entscheidenden Anstoß, dass das Kantische Werk einem breiteren Publikum zugänglich wurde. Bekannt geworden durch dieses Werk, erhielt Reinhold einen Ruf an die Universität Jena auf den dortigen Lehrstuhl für Philosophie, den er sieben Jahre innehatte, bis er 1794 einem Ruf nach Kiel folgte, wo er bis zu seinem Tode 1823 lehrte. Seine Jenenser Zeit bildet den Höhepunkt seines Schaffens. In dieser Zeit entstand die sogenannte *Elementarphilosophie,* die drei Schriften umfasst: *Versuch einer neuen Theorie des menschlichen Vorstellungsvermögens, Beiträge zur Berichtigung bisheriger Mißverständnisse der Philosophie* und *Fundament des philosophischen Wissens.* Sie erschien später noch einmal zusammengefasst unter dem Titel *Neue Darstellung der Hauptmomente der Elementarphilosophie.* Diese Schrift verdient aus zwei Gründen Erwähnung: Zum einen stellte Reinhold hier erstmals seinen Satz des Bewusstseins, auf den später noch ausführlich einzugehen ist, als absolut ersten Grundsatz an die Spitze des Systems, zum anderen war es diese Schrift, die historisch wirkungsmächtig wurde, die Gottlob Ernst Schulze zu einer Kritik an Reinhold und über diesen an der Kantischen Philosophie veranlasste in seinem anonym erschienenen Werk *Änesidemus, oder über die Fundamente der von dem Herrn Professor Reinhold in Jena gelieferten Elementarphilosophie nebst einer Verteidigung des Skeptizismus gegen die Anmaßung der Vernunftkritik* (1792), die ihrerseits kritisch von Fichte rezensiert wurde.

So lässt sich die Gedankenentwicklung von Kant bis Fichte nicht nur *in abstracto,* sondern *in concreto* anhand literarischer Zeugnisse verfolgen. Wenn Reinhold in seiner Elementarphilosophie der Kantischen Lehre eine konsequente systematische Darstellung zu geben versuchte, die in seiner Zeit als die verbindliche Form der Kantischen Philosophie angesehen wurde – die Zeitgenossen betrachteten Kants Philosophie durch die Brille Reinholds –, so fand diese Darstellung der Kantischen Philosophie in dem scharfsinnigen Werk von Schulze eine vernichtende Kritik, die zusammen mit Reinholds Werk Fichte und später Schelling die entscheidenden Denkanstöße zur Entwicklung ihrer eigenen philosophischen Positionen gab.

Von den Werken Reinholds verdient nur die *Elementarphilosophie* unser Interesse und innerhalb dieses dreiteiligen Werkes nur der erste Band *Versuch einer neuen Theorie des menschlichen Vorstellungsvermögens.* Dieser Schrift kommt das Verdienst zu, erstmals den Versuch einer einheitlichen systematischen Darstellung der Kantischen Philosophie unternommen zu haben, d.h. einer methodischen Entwicklung derselben aus einem einzigen obersten Prinzip. Dieses methodisch oberste Prinzip ist der Begriff der Vorstellung, der in der späteren *Neuen Darstellung der Hauptmomente der Elementarphilosophie* in einem Grundsatz formuliert wird, dem sogenannten Satz des Bewusstseins. Mit dieser Systematisierungstendenz, in der sich eine monistische Absicht geltend macht, geht Reinhold in der

Tat über Kant hinaus; denn Kants Philosophie bleibt durchgängig multidimensional und multifaktoriell. Sie endet auf ihrer Spitze in einem Dualismus, und zwar in einem von theoretischer und praktischer Philosophie, die jeweils ein eigenes Prinzip haben, das als unhintergehbares Faktum von Kant betrachtet wird: das Faktum des Selbstbewusstseins und das Faktum der Freiheit. Auch die theoretische Philosophie selbst endet auf ihrer Spitze in der Dualität von Verstand und Sinnlichkeit, und die Sinnlichkeit ihrerseits impliziert den Dualismus der Anschauungsformen von Raum und Zeit. So findet sich bei Kant nirgends ein einziges, allumfassendes Prinzip, das konkurrenzlos dastünde und aus dem alles andere entwickelt werden könnte. Ja, Kant hat ausdrücklich in der Einleitung zur *Kritik der reinen Vernunft* erklärt, dass es „vielleicht", d.h. möglicherweise eine gemeinsame Wurzel der beiden Stämme Verstand und Sinnlichkeit gäbe, dass diese aber der menschlichen Erkenntnis immer verborgen bliebe. So endet sein System in einem Pluralismus, gegebenenfalls in einem Dualismus, nicht aber in einem Monismus.

Mit dieser Grundkonzeption hängt zusammen, dass die von Kant gewählte Methode in einer transzendentalen Analyse besteht. Ausgehend von dem Faktum der Erfahrung, das für Kant stets die wissenschaftliche Erkenntnis von Objekten und objektiven Zusammenhängen ist, wie sie in der Mathematik, in der allgemeinen Physik usw. begegnet, besteht diese Methode in der Aufklärung der Ermöglichungsbedingungen der wissenschaftlichen Erkenntnis. Sie geht von der Vermeinung aus, dass die Erkenntnis der objektiven Welt in Korrelationsverhältnissen und Interdependenzzusammenhängen besteht, deren Ermöglichungsfaktoren es sowohl als solche wie in ihrem Zusammenwirken aufzuhellen gilt. Sie zeigt, dass nur mehrere Glieder in Verbindung miteinander Objekterkenntnis zustande bringen und dass zur Bewirkung der Objekterkenntnis ein Faktor nicht unabhängig von dem anderen gedacht werden kann.

Diesem Verfahren ist das von Reinhold entdeckte und benutzte diametral entgegengesetzt. Es besteht nicht in der Aufklärung einer Pluralität von Faktoren und deren Funktionszusammenhang, sondern in der Angabe eines einzigen Prinzips, das konkurrenzlos dasteht und aus dem sich in einsinnig linearer Form die Gesamtheit der Erkenntnisse stufenweise ableiten lässt. Für diese Methode ist die Einheit des Ausgangspunktes und die Eindimensionalitätt des Verfahrens charakteristisch.

Als Vorbild für dieses philosophische Verfahren diente Reinhold das mathematische Deduktionsverfahren, das auf Euklid zurückgeht und in dessen *Elementen* eine seiner hervorragendsten Verwirklichungen gefunden hat. Charakteristisch für dieses Verfahren ist die Annahme einer bestimmten Anzahl von Axiomen, d.h. von Grundbegriffen und Grundsätzen sowie von

Definitionen und Postulaten, aus denen die Gesamtheit der übrigen mathematischen Erkenntnisse deduziert wird. In der Philosophie ist dieses Verfahren unter den Namen *mos geometricus* imitiert worden. Seine reinste Ausgestaltung hat es in Descartes' *Prinzipien* und in Spinozas *Ethik* gefunden. Die Applikation dieses Verfahrens auf die Philosophie geht von der Voraussetzung aus, nicht nur dass das mathematische Verfahren auf das philosophische Denken und Darstellen anwendbar ist, sondern dass die mathematische Methode auch das Paradigma für die philosophische Methode abgibt. Nach Art der Geometrie soll auch in der Philosophie von Axiomen und Definitionen ausgegangen, Lehrsätze aufgestellt und bewiesen und an diese Folgesätze und Erläuterungen angeschlossen werden.

Für das mathematische Deduktionsverfahren und den ihm nachgebildeten *mos geometricus* in der Philosophie sind zwei Merkmale konstitutiv: 1. Ausgegangen wird von einer Pluralität von Axiomen, nicht von einem einzigen. 2. Die Axiome gelten nur innerhalb des aus ihnen deduzierten Systems für wahr, gewiss und unbezweifelbar. d.h. sie gelten nur für ihre eigenen Deduktionen und im Rahmen derselben als Grundsätze, die nicht weiter ausweisbar sind und auch keiner weiteren Legitimation bedürfen. An sich und außerhalb des von ihnen entlassenen Deduktionssystems sind sie hinterfragbar und bedürfen der Rechtfertigung, etwa durch Reduktion auf höhere, umfassendere Prinzipien und dieser wieder auf noch höhere und so fort, bis ein letzter, absoluter Grund gefunden ist, in dem die Reduktion ihr Ende und ihre Vollendung findet. Die Axiome erweisen sich also nur im Horizont ihres eigenen Systems als Grundsätze, nicht schlechthin. An sich sind sie mehr oder weniger willkürliche Hypothesen, im genauen Wortsinne Voraussetzungen, die Prämissen für anderes sind, selbst aber wieder eigene Prämissen haben. Man kann diesen Sachverhalt auch so formulieren, dass es sich bei den Axiomen um methodische Grundsätze handelt, die nur innerhalb ihres eigenen Systems gelten, nicht aber um ontologische Grundsätze.

Die von Reinhold entwickelte philosophische Methode, die einerseits am mathematischen Deduktionsverfahren orientiert ist, andererseits darüber hinausstrebt, unterscheidet sich von jenem Verfahren insofern, als sie nicht von einer Pluralität von Axiomen ausgeht, sondern von einem einzigen Axiom, dem Grundbegriff der Vorstellung bzw. dem Grundsatz „ich stelle vor"; gleichwohl bleibt sie ihm insofern verhaftet, als der Ausgangspunkt auch für Reinhold einen rein methodischen Status behält, noch keinen ontologischen gewinnt. Er bleibt ein bloßer Begriff bzw. Satz, also ein logisches, nicht ein ontologisches Prinzip. Methodischen Anfang und ontologisches Prinzip miteinander zu verbinden, zu zeigen, dass das „Erste im Gange des Denkens" zugleich das „Prius für das Denken" und umgekehrt das „Prinzip" auch der „Anfang" sein müsse, das erst wird die große Aufgabe der Idealisten von Fichte bis Hegel sein. Fichte ist der erste gewesen, dem in der *Wissenschaftslehre* von 1794 mit der Aufstellung des ersten Grundsatzes als ontologisches Prinzip und methodischer Anfang die Erfüllung dieser Aufgabe gelang, wenngleich sein Verfahren von Hegel in der *Differenzschrift* und der *Wissenschaft der Logik*[43] noch als unvollkommen kritisiert wird. Auch in diesem Punkt bestätigt sich, dass Reinhold eine erfolgversprechende Entwicklung eingeleitet hat, die er selbst jedoch nur bis zur Hälfte des Weges mitging.

Einige generelle Reflexionen zu Reinholds höchstem Methodenprinzip sind erforderlich. Wie muss ein Prinzip beschaffen sein, wenn es die Funktion eines höchsten und allumfassenden Prinzips erfüllen soll? Zwei Möglichkeiten sind denkbar. Sie verhalten sich antithetisch zueinander und bezeichnen prinzipielle Möglichkeiten. Der einen Version zufolge muss das Prinzip als synthetisches aufgefasst werden, d.h. es muss die Pluralität und Verschiedenheit, die aus ihm ableitbar sein soll, bereits involvieren, bliebe doch andernfalls die Möglichkeit der Ableitung der Mannigfaltigkeit aus der Einheit unbegreiflich. Das Prinzip muss von seiner Struktur her eine synthetische Einheit der Vielheit bilden. Da es die Gesamtheit der differenten Instanzen, der Relationen usw. in sich enthalten muss, hat ein solches Prinzip den Status der Totalität, des Ganzen aus Teilen. Es repräsentiert eine Einheit mit Inklusion der Mannigfaltigkeit von der Art, wie sich die Griechen das Hen-Kai-Pan, das All-Eine, dachten oder, mit Betonung der internen Gegensätze, das ἓν διαφέρον ἐν ἑαυτῷ, das Eine, das in sich selber geteilt ist. Da wir es mit einer Einheit von interner Komplexität zu tun haben, kann die Ableitung des Komplexes nicht schwerfallen. Sie besteht in der Explikation der in der Einheit implizierten Momente nach Art einer Begriffsexplikation, bei der ebenfalls die im Begriff enthaltenen Momente einzeln und gesondert herausgestellt werden. Ableitung reduziert sich hier auf logisch-begriffliche Explikation oder auf reale Entfaltung.

Der zweiten Version zufolge ist der Deduktionsgrund von absolut einfacher Natur, in sich differenz- und relationslos. Er stellt eine schlechthin einfache Einheit dar, in welche die Mannigfaltigkeit nicht eingeschlossen sein kann, sondern aus der sie ausgeschlossen sein muss. Es handelt sich um eine Einheit, die dem Vielen, Differenten, Relationalen transzendent oder emanent ist, d.h. die jenseits dieses Mannigfaltigen steht und von ihm untangiert bleibt. Die Schwierigkeit einer solchen Konzeption dokumentiert sich nicht allein darin, dass unbegreiflich bleibt, wie ein absolut Eines überhaupt zu fassen ist; denn alles Bewusstsein von der Einheit beruht

43 WdL, Bd. 5, S. 98 f (3. Anm. zum 1. Kap.).

schon auf einer Bewusstseinsrelation, die eine Beziehung zwischen zumindest zwei Relata ist und damit differente Momente in sich enthält, sondern sie dokumentiert sich auch darin, dass unbegreiflich bleibt, wie aus einem absolut differenzlosen Einen die Pluralität und Verschiedenheit der Welt soll hervorgehen können. Da Einheit und Mannigfaltigkeit einander opponiert sind, ließe sich eine Ableitung der Mannigfaltigkeit aus der Einheit nur durch den Ansatz eines zweiten, autonomen Prinzips neben dem ersten erklären, nämlich durch den Ansatz des Prinzips der Mannigfaltigkeit neben dem Prinzip der Einheit. Dies aber wäre ein zweiter Anfang neben dem ersten. Ableitung hieße hiernach nichts anderes als Verbindung dieser beiden Anfänge, also Synthesis. Zwischen dieser Skylla und Charybdis gilt es hindurchzuschiffen.

Es ist nur eine einzige Vermittlung möglich, eben jene von Reinhold entdeckte Methode, die weder trivial analytisch verfährt wie die erste Methode noch synthetisch wie die zweite, sondern auf beide Arten zugleich, und zwar so, dass sie vom höchsten methodischen Prinzip als einem Bedingten ausgeht und dieses auf seine Ermöglichungsbedingungen hin untersucht, dasselbe also analytisch behandelt, aber doch zugleich so, dass dieses nicht eine bloße Explikation der im Prinzip involvierten Implikate ist, sondern ein synthetischer Fortschritt über dasselbe hinaus. Reinholds Verfahren besteht darin, dass er zu dem als bedingt gefassten methodischen Ausgangspunkt in Form eines einsinnig linearen Fortschritts die Bedingungen aufsucht, die diesen Ausgangspunkt ermöglichen gemäß dem Motto: Was muss gesagt werden, damit das im Ausgangsprinzip Behauptete überhaupt gesagt werden kann? Was alles muss an Bedingungen aufgeführt werden, damit ein Prinzip von der Art des Ausgangsprinzips möglich ist? Ableitung bedeutet hier nicht Abstieg von oben nach unten, metaphorisch gesprochen, Fortgang vom Grund zu den Folgen, sondern umgekehrt Rückgang zu den Ermöglichungsbedingungen, die den gegebenen Sachverhalt zu erklären vermögen. Die vollständige Explikation derselben in Gestalt des artikulierten Systems ist der Grund für den im methodischen Anfangsprinzip formulierten Sachverhalt, und dieser ist seine Folge. Dieses Verhältnis verdeutlicht noch einmal, dass bei Reinhold der methodische Anfang der Systemexplikation und der ontologische Grund, der im vollständigen System der Bedingungen besteht, nicht koinzidieren. Der Grund ist noch nicht im Anfang enthalten, sondern ist erst am Ende realisiert. Wie unvollkommen diese Methode auch sein mag, mit dem Postulat der Einheit von analytischer und synthetischer Methode hat Reinhold die Grundlagen gelegt für die dialektische Methode, die in Fichte, Schelling und Hegel kulminiert.

9. Fichte als Vertreter eines metaphysischen Monismus: Sein Leben und Werk

Wenn Reinhold den Weg zum Monismus nur halbherzig vollzog und bei einem methodischen Monismus stehen blieb, so ist Fichte derjenige gewesen, der den Weg durch die Konzeption eines metaphysischen Monismus vollendete.

Johann Gottlieb Fichte wurde 1762 geboren. An seine humanistische Schulbildung schloss sich ein Theologiestudium in Jena und Leipzig an, das er jedoch aus ökonomischen Gründen abbrechen musste, um eine Hauslehrerstelle in Zürich zur Bestreitung seines Unterhaltes anzunehmen. Das Jahr 1790 war für Fichtes philosophische Entwicklung von entscheidender Bedeutung; denn es ist das Jahr seines Kant-Erlebnisses. Veranlasst durch einen Studenten, der bei ihm Nachhilfeunterricht in Philosophie begehrte, sah er sich genötigt, Kants Werke zu studieren. Sie wurden ihm, insbesondere ihre ethisch-religiösen Aspekte, geradezu zu einer philosophischen Erleuchtung und zum Anlass einer Bekehrung. Der Gedanke der intelligiblen Freiheit war es, der Fichte vorzüglich faszinierte und ihm die Möglichkeit zu bieten schien, sich aus dem Naturdeterminismus zu befreien. 1791 machte sich Fichte in einer Fußwanderung von Leipzig nach Königsberg auf, um Kant persönlich kennenzulernen. Die Begegnung verlief allerdings enttäuschend, da Fichte mit völlig überspannten Erwartungen zu Kant kam. In sein Tagebuch notierte er: „Ich hospitierte bei Kant und fand auch da meine Erwartungen nicht befriedigt, sein Vortrag ist schläfrig." Das einzig Positive, was aus dieser Begegnung heraussprang, war die Drucklegung von Fichtes Schrift *Versuch einer Kritik aller Offenbarung*, zu der Kant ihm verhalf. Da diese Schrift einen streng Kantischen Inhalt hatte, in streng Kantischem Stil verfasst war und einen Kants Werken analogen Titel trug, zudem anonym bei demselben Verleger erschien, bei dem Kant seine Werke drucken ließ, wurde sie allgemein für Kants eigenes religionsphilosophisches Werk gehalten, mit dem er auf die dritte der von ihm exponierten Fragen: Was darf ich hoffen? neben der: Was kann ich wissen? und: Was soll ich tun? zu antworten suchte. Als die Rezensionen positiv ausfielen und Kant den wahren Verfasser nannte, war Fichte mit einem Schlag berühmt, und es ließ nicht lange auf sich warten, bis ihm in Jena der freigewordene Lehrstuhl Reinholds angeboten wurde. 1794 folgte Fichte dem Ruf auf den Reinholdschen Lehrstuhl in Jena, den er bis 1799 innehatte.

Die fünf Jahre seiner Jenenser Tätigkeit bilden den Höhepunkt seiner akademischen Laufbahn. Fichte hatte einen großen Lehrerfolg, er zog bis zu 400 Zuhörer – in damaliger Zeit eine ungeheure Menge – auf sich, zu denen u.a. die Romantiker Schlegel, Novalis und Steffens gehörten. Der Lehrerfolg erklärt sich zum einen aus seiner gewaltigen rhetorischen Begabung, zum anderen aus der Novität seiner Vortragsmethode. Während der akademische Unterricht in Philosophie zur damaligen Zeit fast ausschließlich in der Erläuterung von Schulkompendien bestand – Kant z.B. hat niemals seine eigene Philosophie vorgetragen, sondern ausschließlich die Lehrbücher der Tradition: Wolff, Baumgarten, Meier erläutert –, trug Fichte wohl als erster seine eigene Philosophie, nämlich die Wissenschaftslehre, vor. In der Jenenser Zeit sind seine philosophischen Hauptwerke entstanden. Als Ankündigungsschrift für seine Vorlesung gab er *Über den Begriff der Wissenschaftslehre oder der sogenannten Philosophie* heraus. Zusammen mit seiner Vorlesung kam bogenweise sein Hauptwerk *Die Grundlage der gesamten Wissenschaftslehre* heraus, die den Untertitel trägt *Handschrift für seine Zuhörer*. Und noch ein drittes in diesen Kontext gehöriges Werk *Der Grundriß des Eigentümlichen der Wissenschaftslehre in Rücksicht auf das theoretische Vermögen* entstand zu dieser Zeit, ebenso die erste und zweite Einleitung in die Wissenschaftslehre. Aber nicht nur an der Grundlegung seines philosophischen Systems war ihm gelegen, wie aus den genannten Titeln hervorgeht, sondern auch an der Durchführung seines Systems in den einzelnen Problembereichen. In diese Zeit fallen *Die Grundlage des Naturrechts nach Prinzipien der Wissenschaftslehre* sowie *Das System der Sittenlehre nach Prinzipien der Wissenschaftslehre*. Seine Jenenser Lehrtätigkeit wurde je beendet durch den Atheismusstreit.

Ein Schüler Fichtes, namens Forberg, hatte im *Philosophischen Journal* eine Schrift herausgegeben mit dem Titel *Entwicklung des Begriffs der Religion* und einen Aufsatz von Fichte folgen lassen *Über den Grund unseres Glaubens an eine göttliche Weltregierung*. Diese Schriften wurden für atheistisch gehalten, weil in ihnen Gott unpersönlich gedacht wurde als moralische Weltordnung, wie es schon Fichtes Titel zum Ausdruck bringt. Daraufhin erschien eine anonyme Schmähschrift *Schreiben eines Vaters an seinen studierenden Sohn über den Fichteschen und Forbergischen Atheismus*, die die Regierung zum Eingreifen und zur Anklage wegen Atheismus veranlasste.

Fichte verteidigte seine Ansicht in der sogenannten *Verantwortungsschrift*. Außerdem drohte er mit seinem Rücktritt und wies gleichzeitig darauf hin, dass ihm eine Reihe von Kollegen folgen würden, was er sich zwar wünschte, aber nicht den Tatsachen entsprach. Wider alle Erwartung nahm die Regierung sein Demissionsgesuch an und entließ Fichte. Das hatte Fichte am wenigsten gewollt und schon gar nicht erwartet.

Seines Lehrstuhls verlustig, ging er auf Vermittlung von Friedrich Schlegel nach Berlin und wurde dort von diesem in den Kreis der Romantiker eingeführt. Da die Berliner Universität damals noch nicht existierte, erst 1810 gegründet wurde, hielt Fichte Privatvorlesungen, die von wohlhabenden Persönlichkeiten finanziert wurden und deren Auditorium sich nicht aus Studenten, sondern aus Ministern, Bankiers, gebildeten und aufgeklärten Juden zusammensetzte, die sich in Zirkeln oder Salons zusammenfanden. In diese Zeit fallen einige der bekanntesten Wissenschaftslehren, die von 1801 und von 1804. Als 1810 die Universität Berlin gegründet wurde, erhielt Fichte eine Professur für Philosophie und wurde der erste gewählte Rektor der Universität. Konflikte veranlassten ihn jedoch bald, sein Amt niederzulegen. Bis zu seinem Tod 1814 hat Fichte eine reiche Vorlesungstätigkeit entfaltet, die zumeist erst aus dem Nachlass bekannt geworden ist. Größere Bedeutung erlangten *Die Tatsachen des Bewußtseins* von 1810/11, sodann die *Wissenschaftslehren* von 1810, 1812 und 1813 sowie das *System der Rechtslehre* und das *System der Sittenlehre* von 1812.

Fichtes Persönlichkeit entspricht genau dem, was seine philosophischen Schriften zum Ausdruck bringen. Er ist der Tatmensch, besessen von einem ruhelosen Tatendrang, von einer Leidenschaft zu wirken und zu schaffen. In seinem Wesen personifiziert sich das Prinzip seiner Philosophie, das absolut freie, tätige Ich, das nicht mehr nur wie bei Kant Selbst*beziehung*, sondern Selbst*setzung* Selbst*produktion* ist. Wie das Kantische Reflexionsmodell bei Fichte durch das Produktionsmodell ersetzt wird, das auf Tathandlung beruht, auf der freien Selbstbestimmung anstelle der Selbstbesinnung, so dokumentiert sich diese Haltung auch im Grundzug von Fichtes Wesen. Mit dem Tatmenschentum verbinden sich allerdings eine gewisse Herrschsucht, Rücksichtslosigkeit und schroffe Gradheit, die Fichte immer wieder in Streit geraten ließen, selbst mit seinen engsten Freunden, und schließlich auch zur Rektoratsniederlegung führten.

Fichte hat anders als der proteushafte, ständig umdenkende und anpassungsfähige Reinhold zeitlebens nur eine einzige philosophische Lehre vertreten, nämlich die Wissenschaftslehre. Es existieren ca. 30 verschiedene Fassungen, die bis heute nicht vollständig publiziert sind. Fichtes gesamtes Denken kreist um die Wissenschaftslehre. Nicht nur hat er ihre Grundlagen expliziert, so in seinem Hauptwerk *Grundlage der gesamten Wissenschaftslehre* von 1794/95, sondern auch deren Anwendung auf diverse Teilbereiche gezeigt, so auf die Rechtsphilosophie im *System der Rechtslehre*, auf die Ethik im *System der Sittenlehre*, auf die Religionsphilosophie in der *Anweisung zum seligen Leben.* Er hat Aufrisse und Umrisse und Zusammenfassungen der Wissenschaftslehre gegeben, so dass sich die Frage stellt, ob alle diese Fassungen Reflex einer einzigen, einheitlichen, kontinuierlichen Entwicklung sind oder ob sich in ihnen ein Bruch bzw. Brüche dokumentieren.

Dies ist eine der Kardinalfragen der Fichte-Forschung. Auf sie gibt es zwei konträre Antworten.

Die eine Hypothese betont die durchgängige Einheit der Lehre, ihren unveränderten, stets sich gleichbleibenden Gehalt; was sich verändert habe, sei nur die Form, die Darstellungsart und die Darstellungsmittel. Es sei stets dasselbe Thema, das einmal von dieser, einmal von jener Seite beleuchtet werde, einmal mit Betonung dieses, ein andermal mit Betonung jenes Aspektes. Vertreter dieser These ist Max Wundt in seinem Buch *Fichte-Forschungen*. Die Gegenthese, vertreten durch die Windelband-Rickertsche Schule, etwa von F.A. Schmidt in seinem Buch *Die Philosophie Fichtes mit Rücksicht auf die Frage nach der veränderten Lehre*, Freiburg 1904, und von Aron Gurwitsch *Fichtes System der konkreten Ethik*, Tübingen 1924, betont hingegen die Gleichbleibendheit der Form, der Methode, und die Wandlung der philosophischen Weltanschauung, des Gehalts. Damit taucht die Frage auf, wie viele Phasen sich innerhalb der Fichteschen Gedankenentwicklung unterscheiden lassen. Abgesehen von einer Reihe subtilerer Einteilungen wird allgemein ein grundlegender Einschnitt um 1800 angenommen, der Fichtes Philosophie in zwei Perioden einteilt: eine bis 1800 und eine nach 1800 bis zu seinem Tod.

Besteht auch unter den Interpreten weitgehend Konsens darüber, dass ein Bruch seiner philosophischen Lehre um 1800 liegt, der Fichtes Werk in eine Früh- und Spätphase teilt, für deren erste charakteristisch ist, dass sie das Ich als Absolutes betrachtet, und für deren zweite charakteristisch ist, dass sie einen Hiat zwischen dem Ich und dem Absolutem unterstellt, das Ich zwar als absolutes Ich, nicht aber als das Absolute selbst nimmt, sondern als ein Derivat des Absoluten, so fällt auf, dass Fichte in Selbstdarstellungen und -beurteilungen wiederholt und nachdrücklich die Einheit seiner Lehre betont und jede Wandlung bestritten hat. Obwohl Fichtes Aussagen ernst genommen werden müssen, wird der Interpret diese Behauptung nicht bestätigt finden. Es ist folglich nötig, zwischen Fichtes Selbsturteil und dem faktischen Befund zu unterscheiden.

Im Folgenden soll ein Überblick über die verschiedenen Wissenschaftslehren – die wichtigsten – gegeben werden, und zwar in der Form, dass auf markante Formel rekurriert wird, in denen sich der jeweilige Gehalt der Wissenschaftslehre zusammengefasst findet. Sie enthalten allesamt Aussagen über die interne Verfassung des Ich. Von ihnen lautet die erste: „Das Ich setzt sich schlechthin" bzw. erweitert: „Das Ich setzt sich als sich setzend" und die zweite: „Das Ich ist eine Tätigkeit, der ein Auge eingesetzt ist." Diese Formeln sind erstmals von Dieter Henrich in seinem grundlegenden Fichte-

Aufsatz mit dem Titel *Fichtes ursprüngliche Einsicht*[44] herausgearbeitet und als Stadien einer Entwicklung dargestellt worden, von denen jede nachfolgende die vorhergehende kritisiert und revidiert. Ohne jedoch im einzelnen auf Henrichs Ausführungen und die Kontroverse zwischen einer Zwei- oder Drei-Stadien-Theorie einzugehen, sollen die beiden grundlegenden Stadien durch eigene Überlegungen legitimiert werden.

10. Fichtes Theorie des Selbstbewusstseins in seiner Früh- und Spätphase

Fichte gilt als Analytiker des Selbstbewusstseins. Weder vor noch nach ihm hat es jemals eine so tiefgehende Analyse desselben gegeben. Vor Fichte hat es eine solche insofern nicht gegeben, als zwar seit Descartes und seit Beginn der Neuzeit das Selbstbewusstsein aufgrund seiner absoluten Evidenz und der damit verbundenen Unbezweifelbarkeit und Gewissheit zum Fundierungsprinzip der Philosophie erhoben, nicht aber selbst analysiert wurde. Dies galt auch noch für Kant. Zwar etablierte er das Selbstbewusstsein als höchstes Prinzip seiner Philosophie, zwar nahm er es als Deduktionsgrund für die Erkenntnis der Welt in Anspruch, aber er kam nicht mehr dazu, es als selbständige Instanz unabhängig von seiner Leistung für die Errichtung seines Lehrgebäudes zu analysieren.

Und auch nach Fichte erreichte die Theorie des Selbstbewusstseins niemals wieder das Niveau, das sie bei ihm erreicht hatte. Schon Hegel glitt auf das Kantische Niveau zurück, indem er sich an das traditionelle bis hin zu Kant und einschließlich Kant geltende Reflexionsmodell anschloss. Selbstbewusstsein, wie es in der *Wissenschaft der Logik* expliziert wird, beschreibt er als Zu-sich-Kommen eines solchen, das an sich schon Selbstbeziehung oder, in Hegelscher Terminologie, Gleichheit mit sich ist, mithin nach dem Reflexionsmodell, das die gesamte zu explizierende Struktur implizit voraussetzt. Die *Wissenschaft der Logik* wird damit zum Prozess der Explikation eines an sich schon bestehenden Sachverhalts.

Auch der Nachidealismus hat es in der Analyse des Selbstbewusstseins nicht über den von Fichte erreichten Stand hinausgebracht. In den nach-

44 Dieter Henrich: *Fichtes ursprüngliche Einsicht,* Frankfurt a. M. 1967. Henrich meint allerdings, drei verschiedene Formeln mit Indizierung dreier Stadien herauskristallisiert zu haben. Die beiden ersten gehören jedoch m.E. als unexplizierte und explizierte Position zusammen. Vgl. auch Wolfgang Janke: *Fichte.* Sein und Reflexion - Grundlagen der kritischen Vernunft, Berlin 1970, S. 416 Anm.

idealistischen Philosophien wurde das Selbstbewusstsein als absoluter Evidenzgrund aller anderen Evidenzen in Frage gestellt und damit auch seine Begründungsfunktion für die Philosophie. Es wurde ersetzt durch konkretere Prinzipien wie Leben in der Lebensphilosophie, Existenz im Existentialismus, Realität in Realismuspositionen. Gleichwohl wurden seine Strukturen auch weiterhin benutzt, nur dass sie in anderem Kontext auftraten. Heideggers Analyse des Daseins in *Sein und Zeit* ist nichts anderes als eine temporale Interpretation der dem Selbstbewusstsein immanenten Reflexionsstruktur. Dasein wird von ihm verstanden als Vorentwurf in die Zukunft und als Zurückkommen von der Zukunft auf die geschichtlich bedingte Gegenwart. Damit ist zwar das Wissensmoment eliminiert, nicht aber die Struktur der Selbstbeziehung, die hier in das Projekt eines Lebensentwurfes integriert und temporal interpretiert wird. Und auch Husserls Analysen des Selbstbewusstseins, so fruchtbar sie im einzelnen sein mögen, gehen in entscheidenden Punkten nicht über das traditionelle Reflexionsmodell hinaus.

Fichtes geschichtliche Leistung besteht darin, dass er erstmals das Selbstbewusstsein als solches zum Gegenstand der Forschung erhob. Aus dieser Sicht sind seine Wissenschaftslehren zu betrachten. Sie sind Versuche einer immer tiefer dringenden Verständigung über die signifikante Struktur des Selbstbewusstseins. Innerhalb der Fichteschen Wissenschaftslehren explizieren eine Reihe markanter Formeln den jeweiligen Gehalt eines Entwicklungsstadiums wie die schon genannten in der *Grundlage der Wissenschaftslehre* von 1794/95: „Das Ich setzt sich selbst“ und noch intensiver „Das Ich setzt schlechthin sich selbst als sich setzend“, in der das Objekt als Selbstsetzung bestimmt wird, und ebenso in den *Wissenschaftslehren* nach 1800: „Das Ich ist eine Tätigkeit oder Kraft, der ein Auge eingesetzt ist.“

Rekurriert man auf diese Formeln, so fällt auf, dass sie insgesamt von dem Terminus „setzen“ Gebrauch machen, sowohl in aktiver wie passiver Form. „Setzen“ bedeutet so viel wie „produzieren“, „hervorbringen“. Der für alle Formeln typische Setzungsbegriff grenzt diese Formeln in markanter Weise von der in der Tradition üblichen Interpretation des Ich bzw. des Selbstbewusstseins als Reflexionsmodell und Sich-auf-sich-Beziehen bzw. Immer-schon-auf-sich-bezogen-Sein ab. Schon dieser erste und ganz oberflächliche Vergleich der Interpretationen zeigt, dass Fichtes Theorie als Produktionstheorie zu verstehen ist und offenkundig aus einer Kritik und Abgrenzung gegen das ältere, traditionelle Reflexionsmodell hervorgegangen ist. Will man daher die spezifische Eigentümlichkeit der Fichteschen Theorie verstehen, so kann man dies nur in Auseinandersetzung mit der kritisierten und überwundenen Reflexionstheorie tun.

Das Reflexionsmodell ist das uns vertrauteste und daher wohl auch das älteste zur Interpretation des Selbstbewusstseins, da es das Zustandekommen desselben erklärt. Selbstbewusstsein kommt dadurch zustande, dass wir uns von der Außenwelt abwenden und uns selber zuwenden und uns als Objekt betrachten. Diese Rückwendung des Bewusstseins- oder Intentionsstrahls auf das Bewusstsein selbst lässt sich mittels des physikalischen Modells der Lichtreflexion interpretieren. Wie ein von einer Lichtquelle ausgehender Lichtstrahl an der gegenüberliegenden Wand auf sich zurückgebogen wird, so wendet sich auch der vom Subjekt ausgehende Intentionsstrahl von den äußeren Objekten ab und dem eigenen Subjekt als Objekt zu.

Dieses Modell hat einen berechtigten und einen unberechtigten Sinn. Reflexion ist sinnvoll, sofern sie als Sekundärphänomen eines Primärphänomens verstanden wird. Als solches kommt ihr die Aufgabe der Thematisierung und Explikation eines mehr oder weniger deutlich Vorgegebenen zu. In diesem Fall setzt sie jedoch die Existenz des Selbstbewusstseins voraus; sie erklärt sie nicht, sondern sie verdeutlicht sie nur, indem sie die zunächst unklaren, verschwommenen Strukturen zur expliziten Bewusstheit bringt. Wird Reflexion jedoch in Anspruch genommen zur Erklärung des Zustandekommens von Selbstbewusstsein, so bleibt sie unbefriedigend; denn dann ergeben sich jene Schwierigkeiten, die man als Identifikationsschwierigkeiten bezeichnet. Sie lassen sich in alternativer Form explizieren und laufen auf eine dilemmatische Situation hinaus: Entweder besteht bereits ein Wissen des Ich von sich; dann bildet die Identifikation des Ich qua Subjekt mit sich qua Objekt keinerlei Probleme, da das Subjekt das Wissen von seiner Zugehörigkeit zum Objekt ja bereits mitbringt; die Theorie wird dann jedoch redundant und überflüssig. Oder es besteht noch kein solches Wissen, dann vermag auch die Reflexionstheorie mit ihrer Annahme des Zurückkommens auf sich die Identifikationsleistung nicht zu erbringen; denn zum einen weiß das Subjekt gar nicht, wonach es suchen soll, welche Eigenschaften und Strukturen das Objekt hat, das es sich selbst zuschreiben muss, und zum anderen, selbst gesetzt den Fall, es träfe unter den möglichen ihm begegnenden Objekten auf eines, das faktisch das seine wäre, so vermöchte es sich mangels eines Wissens um die Zugehörigkeit zu ihm nicht mit diesem zu identifizieren. Im ersten Falle schließt die Theorie über sich hinaus, indem sie das Wissen von sich bereits voraussetzt, welches durch die Reflexionstheorie erst erklärt werden soll, im zweiten Falle bleibt sie hinter ihrem eigenen Anspruch zurück, indem sie die Identifikationsleistung nicht zu erbringen vermag.

Aus der Einsicht in diese Inkonsequenzen erfolgt Fichtes Konzeption des Selbstbewusstseins als Gegenentwurf. Abgesehen von den internen Gründen für die Entstehung des Modells kommt ein äußerer hinzu. Er hängt zusammen mit der geschichtlichen Situation der französischen Revolution, in der die *Wissenschaftslehre* von 1794/95 geschrieben wurde. Liest man Fichtes Formel emphatisch: „Das Ich setzt sich selbst schlechthin“, dann wird das Pathos deutlich, das hinter dieser Formel steht, das Pathos der Freiheit und Autonomie. Das Ich wird als ein schlechthin freies aufgefasst, das unabhängig ist von fremden Zwängen und Einflüssen, das die Bestimmung seines Handelns allein in sich selber trägt und diese in und durch sein Handeln realisiert. Dieser Freiheitsbegriff war eines der Ideale der französischen Revolution, der hier seinen philosophischen Niederschlag findet. Als interne Gründe werden drei genannt:

1. Während die Reflexionstheorie von einem vorgegebenen, vorfindlichen Ich ausgeht und auf dieses nur zurückkommt, betrachtet die Produktionstheorie das Ich nicht als Ausgang und Grundlage, sondern als Endpunkt und Resultat eines Prozesses. Die Existenz des Selbstbewusstseins ist nicht vorgegeben, sondern erzeugt.

2. Wenn das Reflexionsmodell mit der Struktur der Rückbiegung des Intentionsstrahls operiert, so benutzt das Produktionsmodell die Struktur der Einsinnigkeit, wie sie zwischen Produktion und Produkt besteht. Das Produktionstheorem fällt unter die Kategorie des Ursache-Wirkungs- bzw. Grund-Folge-Verhältnisses, mithin eines einseitigen Dependenzverhältnisses. Allerdings verlangt der Absolutheitsstatus des Selbstbewusstseins, dass Produktion und Produkt gleichzeitig bzw. gleichursprünglich auftreten, was sich nur durch ein interdependentes Bedingungsverhältnis erklären lässt. Aus der Verbindung dieser beiden Strukturen im Selbstbewusstsein, der einseitigen Dependenz und der Interdependenz, resultieren unauflösbare Probleme.

3. Während das Reflexionstheorem an sich indifferent ist gegenüber einem aktiven, dynamischen oder passiven, statischen Selbstverhältnis, also gegenüber einem Sich-auf-sich-Beziehen oder einer immer schon bestehenden Selbsthabe, entscheidet sich das Produktionsmodell, wie aus dem Namen ersichtlich ist, eindeutig für die Aktivität und Spontaneität, für die Handlung.

War das Produktionstheorem von Fichte eingeführt zur Vermeidung der Schwierigkeiten des Reflexionstheorems, so zeigt eine genauere Überprüfung, dass es selbst keineswegs frei von solchen ist; ja es erscheint noch paradoxer, absurder und unverständlicher als jenes. Seine Schwierigkeiten lassen sich in zwei Punkten zusammenfassen: 1. Auch das Produktionstheorem ist nicht frei von reflexionstheoretischen Momenten, die sich an diversen Stellen einschleichen. Die Substitution des in sich zurückgebogenen Intentionsstahls aus dem Reflexionsmodell durch ein in sich zurücklaufendes Handeln im Produktionsmodell, „ein Handeln auf ein Handeln", wie Fichte sagt, behält die Reflexionsstruktur als Grundform bei. Außerdem: Wenn das Selbstbewusstsein kein vorfindliches, sondern ein erst zu erzeugendes ist, muss sich die Aufforderung, das Selbstbewusstsein herzustellen, an einen Adressaten wenden, an ein Ich, das durch die Fähigkeit charakterisiert ist, sich selber herzustellen. Das aber heißt, dass implizit das Selbstbewusstsein doch wieder vorausgesetzt ist und in der angeblichen Selbsterzeugung nurmehr expliziert wird.

2. Unausgewiesen bleibt die These vom gleichzeitigen bzw. gleichursprünglichen Auftreten von Produktion und Produkt im Selbstbewusstsein, d.h. die These von der Zusammengehörigkeit und Einheit dieser beiden Faktoren. Sie bestünde nur dann zu Recht, wenn sich zeigen ließe, dass die Tätigkeit und das Wissen von dieser Tätigkeit in einem Interdependenzverhältnis stünden, so dass aus der Tätigkeit das Wissen von ihr und aus dem Wissen von ihr die Tätigkeit folgte. Nur eine solche Wechselimplikation garantierte, zumindest von unserem Erkenntnisstandpunkt aus, die Zusammengehörigkeit. Dieser Nachweis lässt sich aber nicht führen.

Aufgrund dieses Ungenügens hat Fichte seine Formel und Auffassung mehrfach revidiert. Eine dieser Revisionen ist die zweite Formel: „Das Ich ist eine Tätigkeit, der ein Auge eingesetzt ist." Die Formel begegnet in einer Vorform erstmals im *System der Sittenlehre* von 1798 und in der *Bestimmung des Menschen* von 1800. Dort ist davon die Rede, dass einem blinden Trieb Augen eingesetzt werden. „Ich... setze gleichsam dem blinden Triebe Augen ein", heißt es in der *Bestimmung des Menschen*. Statt von Tätigkeit ist hier von Trieb die Rede, und zwar von einem blinden Trieb, dem Augen eingesetzt werden. Auffällig an dieser Formel ist die Gegenüberstellung von Blindheit und Auge, welches letztere Organ des Sehens ist und damit eine Metapher für Wissen. Wenn hier also von blindem Trieb und von Augen gesprochen wird, so ist damit ein Verhältnis zwischen einer unbewussten Tätigkeit und der Bewusstheit gemeint. Das Ich findet, sobald es sich selber gewahr wird, einen Trieb in sich vor, und zwar einen blinden, unbewussten, den es unter die Herrschaft der Bewusstheit zu bringen sucht. In einer freilich erst später hinzugefügten Marginalie zu der Stelle in der *Bestimmung des Mensche*n wird der blinde, bewusstlose Trieb näher spezifiziert als das Eine: „Es werden Augen eingesetzt dem Einen". Da mit dem großgeschriebenen „Einen" bei Fichte wie auch in der übrigen Literatur das Absolute gemeint ist, bezeichnet die Formel letztlich ein Verhältnis zwischen dem unbewussten Absoluten und der Bewusstheit. Dieser Gedanke wie auch die ihn ausdrückende Augenmetaphorik ist insbesondere das Thema der *Wissenschaftslehre* von

1801. Seit dieser Zeit begegnet die Formel wiederholt, jeweils etwas modifiziert und dem jeweiligen Sinnzusammenhang angepasst.

Dass das Auge in diesem Kontext als Metapher fungiert, ist unbestritten. Wenn es hier als Chiffre benutzt wird, so in dem Sinne, dass das sinnliche Sehen auf ein geistiges Sehen deutet, auf das Wissen oder Bewusstsein. Als Symbol der Geistigkeit wird das Auge seit alters in der Dichtung und in der bildenden Kunst verwendet. In byzantinischen Kirchen wird die Geistigkeit Gottes oft in Form eines einzigen Auges wiedergegeben, von dem nach allen Richtungen Sehstrahlen ausgehen. Das Auge als Chiffre für Wachsamkeit ist auch aus der Malerei Chagalls bekannt. Bei dem von Fichte gemeinten Auge soll es sich aber nicht um ein gewöhnliches Auge handeln, dessen Blick nach außen auf Objekte der Außenwelt gerichtet ist, sondern um eines, dessen Blick auf sich selbst gewandt ist, um ein sich selber sehendes Auge bzw. um einen sich selber erblickenden Blick. Dass es damit als Metapher für Selbstbewusstsein fungiert, versteht sich, freilich für ein Selbstbewusstsein, das nach dem Fichteschen Verständnis, wie es in den Produktionsformeln zum Ausdruck kommt, als Selbsterzeugung und Selbstbestimmung verstanden wird und nicht wie nach dem Reflexionsmodell als Selbstbeziehung.

Ist das Auge Symbol für das Selbstbewusstsein, so die Tätigkeit, der das Auge eingesetzt ist, Symbol für das Absolute. Dass das Absolute als Trieb beschrieben und als blind bezeichnet wird im Gegensatz zum sehenden Auge, meint, dass das Absolute vom Selbstbewusstsein aus unzugänglich ist. Das Selbstbewusstsein kommt am Absoluten vor; das Absolute ist Grund und Träger desselben und bleibt gleichwohl demselben verschlossen. Hier wird das Verhältnis des Selbstbewusstseins zum Absoluten angesprochen. Während die früheren Produktionsformeln ausschließlich mit dem Selbstbewusstsein als solchem und seiner Internverfassung befasst waren und jeden möglichen Transzendenzgedanken eliminierten, ja sogar den Anschein erweckten, als handle es sich beim Selbstbewusstsein aufgrund seines absoluten Status um das Absolute selbst, thematisiert die neue Produktionsformel das Verhältnis des Selbstbewusstseins zu seinem transzendenten Ermöglichungsgrund. Die neue Formel macht deutlich, dass das Selbstbewusstsein nicht selbst das Absolute ist, mag es auch absolut genannt werden, sondern dass ein Hiat zwischen dem absoluten Selbstbewusstsein und dem Absoluten selbst besteht. Hierin dokumentiert sich eine neue, grundsätzlich veränderte Einstellung gegenüber den bisherigen Formeln, die für Fichtes Spätphilosophie charakteristisch ist.

Auf die Schwierigkeiten, die auch dieses Fichtesche Spättheorem mit sich bringt und die allesamt die Erklärung der Beziehung zwischen dem Selbstbewusstsein, an das unser Wissen gebunden ist, und seinem transzendenten, vom Wissen aus unzugänglichem Grund betreffen, kann nur noch hingewiesen werden. Es ist wahrscheinlich, dass Fichte diese Schwierigkeiten selbst nicht mehr gesehen hat oder zumindest glaubte, sie durch sein Modell behoben zu haben, wonach das Selbstbewusstsein Erscheinung des Absoluten ist. Für eine kritische, über Fichte hinausgehende Betrachtung aber muss dieses Verhältnis gerade zum Problem werden. Wie geht es an, einen notwendigen und unverzichtbaren Grund unserer geistigen Existenz zu postulieren und zugleich diesen Grund jeder geistigen Auslegung zu verschließen? Wie sind die Behauptungen miteinander kompatibel, dass wir nicht durch uns selbst existieren und uns nicht aus uns selbst verstehen, sondern von einem transzendenten Grund her leben und uns verstehen und dass dennoch dieser Grund vom Wissen aus unzugänglich ist und sich jeder rationalen und theoretischen Bewältigung entzieht? Wenn sich dieser Grund prinzipiell verschließt, muss dann nicht fragwürdig werden, ob er überhaupt existiert? Mit diesem Problem wird das uralte theologische und philosophische Problem des Verhältnisses zwischen dem Einzel-Ich und dem umfassenderen göttlichen Grund wieder aufgegriffen, das die Frage betrifft, wie es möglich ist, die einzelne Existenz von einem umfassenden Grund abhängig zu machen und andererseits diesen Grund der Einzelexistenz, die an ihre immanenten Erkenntnisbedingungen gebunden bleibt, zu verschließen.

11. Schelling

Nachdem auf Fichtes Philosophie eingegangen wurde, ist Schelling anzuschließen. Abgesehen von einer kurzen biographischen Darstellung soll dies systematisch geschehen, indem Gemeinsamkeiten wie Differenzen zwischen Fichte und Schelling aufgewiesen werden. Ein solcher Vergleich ist möglich, da alle Idealisten dasselbe Thema haben, es jedoch auf unterschiedliche Weise angehen und lösen. Das gemeinsame Thema ist der Sachverhalt, dass Eines Alles und Alles Eines ist; die Frage hingegen, wie Eines zu Allem und umgekehrt Alles zu Einem werden könne, stellt das von allen Idealisten unterschiedlich beantwortete Problem dar.

Friedrich Wilhelm Joseph Schelling wurde 1775 in Leonberg in Württemberg geboren. Er galt als frühreif, hochbegabt, genial und außerordentlich beweglich im Denken. Mit 15 Jahren kam er auf das Tübinger Stift, wo auch der ältere Hegel und Hölderlin studierten, mit denen er eine enge Freundschaft schloss und in einem regen geistigen Austausch stand. Am Tübinger Stift studierte er Philosophie und Theologie. Am Ende dieser Studienzeit lernte er Fichtes Wissenschaftslehre kennen und schätzen und wurde, wie sich dies noch öfter in der Folgezeit bei Schelling zeigen wird, zum Anhänger von dessen Philosophie und dann auch zum Weiterbildner. Seine ersten philosophischen Schriften legen davon Zeugnis ab; die Hauptschrift dieser frühen Epoche trägt den Titel *Vom Ich als Prinzip der Philosophie oder über das Unbedingte im menschlichen Wissen* von 1795.

Nach seinen Studien im Tübinger Stift folgte eine Hofmeisterzeit in Leipzig, wie das dem damaligen Berufsgang entsprach. In Leipzig hatte er Gelegenheit, sich in die Naturwissenschaften, in Medizin, Physik und Mathematik, einzuarbeiten. Aus dieser Beschäftigung gingen seine naturphilosophischen Studien hervor, Gedanken über Naturphilosophie, die Goethe so bedeutsam erschienen, dass er Schelling in Jena eine Professur verschaffte.

Die fünf Jahre seiner Jenenser Lehrtätigkeit gehörten zu den glänzendsten, geistreichsten und produktivsten in Schellings Geistesentwicklung. Zum einen stand er in Jena dem Romantikerkreis nahe, insbesondere den Brüdern Schlegel. Zum anderen verband ihn eine enge Freundschaft mit Fichte. Diese Freundschaft führte allerdings zum Bruch, als die sachlichen Differenzen zwischen beiden immer deutlicher hervortraten; denn während Fichte der Meinung war, dass das Natursein nur aus dem Bewusstsein und im Ausgang von diesem verständlich werden könne, ging Schelling von der Gleichrangigkeit und Gleichwertigkeit von Natursein und Bewusstsein aus, und diese sachliche Differenz wurde schließlich der Anlass der Entzweiung. Dokument dieser Auseinandersetzung ist der berühmte Briefwechsel zwischen Fichte und Schelling von 1800 – 1802, der ein einzigartiges Zeugnis nicht nur für die Kontroverse beider Philosophen ist, sondern für die Entwicklung des deutschen Idealismus überhaupt.

Dasselbe Verhältnis, zunächst Freundschaft, dann Bruch, zeigte sich auch in der Beziehung Schellings zu Hegel, dem er 1801 in Jena die Habilitation ermöglichte und mit dem er dann eine Zeitschrift *Das kritische Journal der Philosophie* herausgab. Hier war es Hegels *Phänomenologie des Geistes*, die 1807 zum Bruch führte, da Schelling der Ansicht war, dass Hegels System nur eine Verfälschung seiner eigenen Idee sei. Während dieser Zeit reifte sein großes Alterswerk *Philosophie der Mythologie* und *der Offenbarung*. An dieses Werk knüpfte sich seitens des Publikums die Erwartung, dass er mit ihm Hegels Panlogismus aus den Angeln heben wolle durch eine grundlegende Synthese von Philosophie und Religion, die freilich von anderer Art war als die Hegelsche. Diese Erwartung war es, die ihm 1841 den Ruf nach Berlin eintrug, wo man ein starkes Gegengewicht gegen die Hegelsche Linke wünschte. Doch konnte Schelling den großen Erwartungen, die ihn in Berlin empfingen, nicht mehr gerecht werden.

Schelling gilt unter den drei großen Philosophen des Idealismus als der Protheus: geistreich, beweglich, ständig sich verändernd. Es lassen sich nicht weniger als fünf Perioden in seiner Entwicklung unterscheiden: 1. die Naturphilosophie bis 1789, 2. der transzendentale Idealismus um 1800, 3. die Identitätsphilosophie von 1801 -- 1804, 4. die Freiheitsphilosophie um 1809 und 5. die Religionsphilosophie, welche Schellings Spätphilosophie ab 1815 ausmacht.[45]

Selbstverständlich kann nicht auf alle Perioden eingegangen werden, vielmehr nur auf die bedeutendste und bekannteste, die Periode der Identitätsphilosophie, wie sie insbesondere in Schellings Werken *System des transzendentalen Idealismus* von 1800, *Darstellung meines Systems der Philosophie* von 1801 und im *Bruno* von 1802 dokumentiert ist. Diese Periode macht nicht nur eine eigenständige Position Schellings aus, sondern ist zugleich als Gegenposition zu Fichte zu verstehen. Sie betrifft eine gemeinsame Thematik und Problematik beider, die allerdings von beiden auf unterschiedliche Weise gelöst wird. Zur Aufhellung mag der schon erwähnte Briefwechsel zwischen Fichte und Schelling aus den Jahren 1800 –1802 dienen.

Worum geht es in diesem Briefwechsel? Es geht, genauer besehen, um drei Themen: 1. um die Entdeckung bzw. Anerkennung einer absoluten Realität jenseits des Wissens und als Grund desselben. Mit anderen Worten: Es geht um das Absolute. 2. Wie ist das Verhältnis dieser absoluten Realität sowohl zur Natur- wie zur Geistphilosophie zu bestimmen? Und 3. Wie ist der Zugang zum Absoluten vom endlichen menschlichen Wissen aus zu erklären? Damit steht das Zugangs- oder Erfassungsproblem des Absoluten von Seiten des Menschen zur Disposition. Die Klärung dieser Punkte und die Lösung der hier aufgeworfenen Probleme vollzieht sich bei Fichte und Schelling auf je verschiedene Weise und führt zu der Fichte-Schelling-Kontroverse.

Den gemeinsamen Ausgangspunkt bildet die Überzeugung von der Existenz einer absoluten Realität. Über die bloß formale Behandlung der Philosophie müsse hinausgegangen und jenseits aller formalen Bestimmungen der Grund der Realität aufgewiesen werden. Was Schelling betrifft, so stand dieses Bestreben von Anfang an im Vordergrund seiner Bemühungen. Es bestimmte bereits seinen Durchbruch in das freie Feld objektiver Wissenschaft, durch den er über Fichtes Wissenschaftslehre hinausging. Fichte dagegen war vor allem durch den Atheismusstreit und die damit zusammenhängenden Erörterungen zu der Einsicht gelangt, dass der Vorwurf gegen seine Wissenschaftslehre als bloßen Formalismus nicht ganz unberechtigt und daher der Ansatz einer transzendenten absoluten Realität als Grund des Wissens gefordert sei. Mit dieser gemeinsamen Überzeugung einer transzendenten Realität ist freilich auch schon der gemeinsame Vorrat

45 Einteilung nach Nicolai Hartmann: *Die Philosophie des deutschen Idealismus*, Berlin, New York 3. Aufl. 1974, S. 112.

von Fichtes und Schellings Ansichten erschöpft. Divergenzen zeigen sich bei der Bestimmung der absoluten Realität in den verschiedenen Ausgestaltungen derselben, einerseits im objektiven Dasein der Natur, andererseits in der subjektiven Gestaltung des geistigen Lebens.

Fichte hält an seiner Grundüberzeugung vom Wissen als letztem Horizont alles Denkens und Sagens fest. Er will die Realität nur im Wissen suchen und als dessen letzten Grund aufweisen, also quasi im Aufstieg vom Wissen den Realgrund dieses Wissens erlangen, und andererseits will er, gleichsam im Abstieg, die verschiedenen Objekte und Objektbereiche wie den Bereich der Natur vom Wissen aus erklären; denn alles, was für den Menschen überhaupt Relevanz haben soll, muss den Bedingungen der erkennenden Subjektivität, d.h. den Bedingungen des Wissens gemäß sein. Hierin bleibt Fichte Kantianer. Die Naturphilosophie erscheint ihm daher als ein integrativer Bestandteil der Transzendentalphilosophie, als eine bloße Applikation der transzendentalen Prinzipien auf ein bestimmtes Gebiet der Wirklichkeit.

Ganz anders verhält es sich bei Schelling auf dem damaligen Stand seiner philosophischen Entwicklung. Schelling betrachtet die Naturphilosophie nicht als eine Anwendung der Transzendentalphilosophie, sondern als ein gleichwertiges, gleichberechtigtes Glied neben dieser. Beide sind im Absoluten fundiert, das von Schelling als Subjekt-Objekt-Einheit bzw. Indifferenz interpretiert wird. Beide stellen Anwendungen dieses koinzidentellen Absoluten dar, dergestalt dass sie auf graduell verschiedene Weise die subjektive und die objektive Komponente der absoluten Subjekt-Objekt-Einheit realisieren. Natur- und Geistphilosophie leiten sich systematisch stufenweise aus dem Absoluten her, aber so, dass die Naturphilosophie mehr die objektive, die Geistphilosophie mehr die subjektive Seite der Subjekt-Objekt-Einheit betont. Qualitativ sind beide Wissenschaftszweige und ihre Inhalte identisch, quantitativ jedoch verschieden. Es ist nach Schelling das Prinzip der quantitativen Form, das bei gleichbleibendem Gehalt zu unendlichen Differenzierungen und Spezifikationen führt.

Hält man die Grundzüge von Schellings System zusammen, so ergibt sich folgendes Bild: Weder die Welt des Subjektiven noch die des Objektiven kann jemals isoliert für sich bestehen, denn damit wäre das Gleichgewicht des Ganzen aufgehoben. Dieses Gleichgewicht aber ist das einzige, was an sich besteht, es ist die absolute Indifferenz in ihrer expliziten Form. Die ideelle und reelle Reihe der Potenzen müssen einander notwendig ergänzen durch das Übergewicht des Subjektiven auf der einen Seite und das des Objektiven auf der anderen Seite, so dass die Indifferenz im Ganzen erhalten bleibt. Auf diese Weise erhält sich die Identität in der Totalität der differenzierten und spezifizierten Formen. Sie ist implizit im Ausgang und explizit im deduzierten Ganzen. Der gegenseitige Ausgleich geht kontinuierlich Glied für Glied durch beide Reihen und schließt sie wieder zusammen. Dieser durchgehende Zusammenschluss geschieht im einzelnen so, dass die ursprüngliche Identität in aller Differenzierung gewahrt bleibt. Als schematische Darstellung dieses Weltsystems gibt Schelling das Bild einer geraden Linie, in deren Mittelpunkt die absolute Indifferenz A = A oder besser A = B implizit waltet, nach den Polen zu sich aber das Übergewicht des subjektiven Faktors A und des objektiven Faktors B steigert, was durch das überschriebene Plus-Zeichen angedeutet wird.

$$\overset{+}{A} = B \text{ ---------- } A = B \text{ -------------} A = \overset{+}{B}$$

Das Schema enthält nach links vom Indifferenzpunkt die Reihe der ideellen Potenzen A = B, nach rechts die der reellen A = B, von denen allemal die entsprechenden sich gegenseitig indifferenzieren. In dieser Polarität der Potenzreihen besteht also der Gegensatz von Idealismus und Realismus zu Recht, insofern die Produktion der Natur und die des Geistes für sich genommen, d.h. außerhalb der Totalität betrachtet werden; er wird jedoch hinfällig und nichtig für den, der seinen Standort im Indifferenzpunkt wählt und von dort aus die beiden Reihen zusammenschaut.

Die Differenz zu Fichte ist unübersehbar. Für den einen stellt die Naturphilosophie einen integralen Bestandteil der Transzendental- oder Geistphilosophie dar, eine Anwendung von deren Prinzipien auf einen bestimmten realen Bereich, für den anderen ein gleichwertiges Glied neben der Transzendental- oder Geistphilosophie, in dem sich das Absolute unmittelbar dokumentiert. Der Gegensatz beider Systeme lässt sich auf eine Formel bringen, die in dem Briefwechsel eine Rolle spielt. Während für Fichte Alles im Ich ist, d.h. das Ich = Alles ist, kehrt Schelling diese Formel um, insofern für ihn Alles = Ich ist, wobei mit dem Ich das Absolute gemeint ist, die Subjekt-Objekt-Identität. Diese Subjekt-Objekt-Identität erweist sich für ihn als der qualitativ gleiche Grund in allen Differenzierungen, die nur dessen formale und quantitative Ausgestaltungen sind.

Ein zweiter Differenzpunkt zwischen Fichte und Schelling betrifft den Zugang zum Absoluten. Fichte vertritt in Fortsetzung des Kantischen Kritizismus den Standpunkt der Endlichkeitsphilosophie. Diese Philosophie geht von der Endlichkeit und Beschränktheit der menschlichen Erkenntnis aus und glaubt, das aller Erkenntnis transzendente Absolute nur im Ausgang von der Erkenntnis und im Aufstieg über deren diverse Stufen und letztlich im Überstieg über den Gesamtbau erlangen zu können. Das Absolute lässt sich nicht direkt, nur indirekt und mittelbar erfassen, nämlich im Ausgang vom menschlichen Wissen. Die Methode ist als Aufstiegsmethode zu charakterisieren.

Ganz anders verhält es sich bei Schelling. Er vertritt den Standpunkt einer Absolutheitsphilosophie und ist der Überzeugung, dass man das Absolute unmittelbar und auf einmal erfassen könne, um dann auf dem Wege eines Abstiegs die diversen Formen der Welt aus ihm zu deduzieren. Seine Methode ist die der Deduktion oder Deszendenz.

Während sich Fichte bei seinem methodischen Ansatz der Schwierigkeit konfrontiert sieht, einem Immediatismus verhaftet zu bleiben, der darin besteht, dass der angebliche Überstieg über das Wissen zum Grund des Wissens sich doch nur im Rahmen und mit Mitteln des Wissens vollzieht und damit zirkulär ausfällt, sieht sich Schelling dem Vorwurf ausgesetzt, mit der These von der unmittelbaren, immediaten Erfassung des Absoluten durch den endlichen Geist letztlich nur die Form der Endlichkeit hypostasiert und verabsolutiert zu haben. Nicht zufällig wirft Fichte Schelling in einem langen Brief vom 15.10.1801 vor, der den definitiven Bruch markiert, dass Schelling einem Irrtum verfallen sei, weil er an das Absolute unmittelbar mit seinem Denken ginge, ohne darauf zu achten, dass es nur das Denken und dessen Formen seien, die ihm das Absolute formierten.

12. Hegel und die Wissenschaft der Logik

Für keinen Abschnitt der neueren Philosophie ist die Hen-Kai-Pan-Spekulation derart charakteristisch wie für den deutschen Idealismus. Es ist diese Thematik, die der Epoche als ganzer ihren Stempel aufgedrückt und derselben ihr unverkennbares Gepräge verliehen hat. So groß auch der generelle Konsens respektive der Behauptung, dass Eines Alles und Alles Eines sei, ist, so tief sind die Meinungsdifferenzen respektive der Erklärung, wie Eines zu Allem und umgekehrt Alles zu Einem werden könne. Da die letzte Frage gerade die entscheidende ist, bildet sie den permanenten Streitpunkt in den vielfältigen Auseinandersetzungen dieser Zeit. Innerhalb des Theoriezusammenhangs, der als absoluter Idealismus vom subjektiven Idealismus abgegrenzt wird und zweifellos die ausgereiftesten Systemkonzeptionen hervorgebracht hat, lassen sich zwei prinzipiell divergierende Richtungen unterscheiden.

Der einen zufolge bleiben Eines und All letztlich verschieden und geschieden. Beide fallen nicht zusammen, sondern verharren einander gegenüber in Äußerlichkeit und Fremdheit. Das Mannigfaltige ist der Einheit nicht immanent, sondern emanent; und das Eine seinerseits behält gegenüber der Welt und ihrer systemischen Verfassung einen Transzendenzcharakter.

Für die zweite Richtung fallen Eines und All zusammen: Das Eine gilt als das Universum selbst. Nicht mehr wird das Mannigfaltige dem Einen extern, sondern intern gedacht, so dass sich das Eine als ursprüngliche Einheit des Vielen und Gegensätzlichen darstellt. Zu realisieren vermag sich das so verstandene Eine allerdings nur, indem es sich dialektisch in sich spaltet, zur Zweiheit dirimiert und über den Nachweis, dass jedes der Momente die Einheit seiner selbst und seines Gegenteils ist, wieder mit sich zusammenschließt. „Den Gegensatz ewig zu produzieren und ewig zu versöhnen", macht nach einem Ausspruch Hegels das Wesen dieses Einen aus. Der Prozess der Selbstentfaltung, durch den und in dem allein das All-Eine fassbar ist, stellt sich nicht nur als ein Heraustreten der „unentzweitesten Identität" in den Reichtum ihrer Bestimmungen dar, nicht nur als ein Weg weg von sich zu anderem, sondern zugleich als eine Rückkehr zum eigenen Anfang, so dass Expansion und Kontraktion eines sind.

In diesen beiden Richtungen wird man unschwer das Grundschema der Einheitskonstrukte von Fichte und Hegel erkennen. In der ersten spiegelt sich Fichtes Theorie vom Absoluten wider, wie sie in seiner Spätphilosophie, insbesondere in der *Wissenschaftslehre* von 1804 ihre Ausgestaltung erfahren hat, in der zweiten Hegels Lehre vom absoluten Geist, wie sie in der *Wissenschaft der Logik* ihre verbindliche Darstellung gefunden hat. Beide Systemkonzeptionen stellen autochthone Leistungen dar, die als gleichberechtigte Höhepunkte des absoluten Idealismus anzuerkennen sind.

Nachdem Fichtes Konzept bereits mehrfach anvisiert und expliziert wurde, gilt es nun noch, Hegels Konzept darzustellen, und zwar so, dass vor allem auf dessen Modellcharakter abgehoben wird. Hegel hat seine Theorie in der *Wissenschaft der Logik* expliziert. Zusammen mit der *Phänomenologie des Geistes* bildet die *Logik* ein Gesamtsystem. Bezüglich desselben kommt der *Phänomenologie* die methodische Funktion einer Propädeutik zu, deren Aufgabe es ist, als Erscheinungslehre des absoluten Geistes im Ausgang vom natürlichen Bewusstsein und der für dieses charakteristischen Subjekt-Objekt-Differenz durch alle Formen der Spaltung hindurch zum absoluten Wissen als der Einheit von Subjekt und Objekt aufzusteigen. Der *Wissenschaft der Logik* fällt dann die Aufgabe der Explikation des absoluten Wissens zu und den in ihr enthaltenen Realwissenschaften, der Philosophie der Natur und der Philosophie des Geistes, die Applikation des absoluten Wissens auf die Bereiche von Natur und Geist, dergestalt dass die Naturphilosophie das absolute Wissen als bewusstlose, noch nicht zu sich gekommene Natur und die Geistesphilosophie als zu sich kommenden, seiner selbst bewusst werdenden Geist zur Darstellung bringt. Die *Wissenschaft der Logik* erfüllt damit die Rolle einer Prinzipien- oder Fundamentalwissenschaft.[46]

Ihr Thema ist der absolute Geist, auch kurz „das Absolute" genannt, in theologischer Sprechweise „das Ewige oder Gott"[47], und die *Logik* selbst ist die Wissenschaft davon, nach einem vielzitierten Ausspruchs Hegels aus der Einleitung „die Darstellung Gottes [...], wie er in seinem ewigen Wesen vor der Erschaffung der Natur und eines endlichen Geistes ist"[48].

Stellt sich schon für den unbefangenen Betrachter angesichts einer solchen Wissenschaftskonzeption die Frage nach der Möglichkeit und Legitimation eines Wissens, das der endlichen Subjektivität und deren Bedingungen angehört und dennoch ein Wissen von Gott sein soll, wieviel mehr für den, der von der Fichteschen Spätphilosophie herkommt und durch das vom erkenntnistheoretischen Kritizismus geprägte Problembewusstsein der Unaufhebbarkeit der Diskrepanz zwischen Absolutem und endlichem Wissen hindurchgegangen ist. Dass auch Hegel eine gewisse Differenz zwischen endlichem Wissen und Absolutem anerkennt, geht aus seiner These hervor, dass dem Absoluten ruhig zugeschaut und so das Geschaute begrifflich verarbeitet werden soll, wobei zumindest das begriffliche Verarbeiten die Möglichkeit des Irrtums involviert und in Hegel selbst den Wunsch hat aufsteigen lassen, die *Logik* siebenundsiebzigmal zu schreiben.

Aus dem Dilemma eines Hiats zwischen Absolutem und endlichem Wissen ist grundsätzlich nur auf zweifache Weise herauszukommen: entweder durch die hypothetische Annahme eines eigenen Erkenntnisvermögens zur unmittelbaren Erfassung des Absoluten, einer intellektuellen Anschauung, wie Jacobi und Schelling eine solche in der Konzeption einer ichlosen Vernunft angenommen haben, oder durch eine theoretische Konstruktion, die den Zusammenfall von ichhaftem Verstand und ichloser Vernunft in einem „vernünftigen Verstand" oder einer „verständigen Vernunft"[49] proklamiert. Hegel hat sich für die zweite Möglichkeit gegen die erste entschieden. Die Gründe dieser Entscheidung bestehen zum einen darin, dass beim Verweis auf die anschauende Vernunft oder mystische Schau oder beim Appell an den Glauben und die innere Erfahrung ein allgemeinverständliches, intersubjektives Verifikations- und Kommunikationskriterium fehlt, zum anderen darin, dass Rationalität und Reflexivität die Konstruktionsprinzipien der Welt bilden und allein unter ihrer Voraussetzung nicht nur ein begreifendes Eindringen in das Absolute, sondern auch ein begreifender Nachvollzug des

46 In der späteren *Enzyklopädie der Wissenschaften im Grundrisse* bildet die Phänomenologie einen internen Bestandteil des Systems.

47 Vgl. WdL, Bd. 5, S. 79.

48 WdL, Bd. 5, S. 44.

49 WdL, Bd. 5, S. 17.

Hervorgangs der Mannigfaltigkeit der Welt aus dem Absoluten möglich ist. Denn aus einem schlechthin Unbegreiflichen, der menschlichen Ratio Verschlossenen lässt sich, wie Fichtes Spätphilosophie gezeigt hat, keine Mannigfaltigkeit auf verständliche Weise deduzieren, sondern nur als zweites autonomes Prinzip hinzufügen.

Mit dem Zusammenfall von Absolutem und endlichem Wissen im Theorem einer verständigen Vernunft geht selbstredend auch der Zusammenfall der für beide spezifischen Formen einher. Für den Verstand als Vermögen der Analysis und Synthesis ist dies die Diskursivität und Sukzessivitat, mithin die Prozessform. Für die Vernunft als Totalitätsvermögen ist dies die Gesamtschau. Dass dem Absoluten qua Absoluten Prozessualitat eignen soll, widerspricht der gängigen Auffassung, wonach dem Absoluten aufgrund seiner Opposition zum Endlichen die für dieses charakteristischen Prädikate der Bewegung und Veränderung gerade abgehen. Zudem hat die philosophische Tradition das Absolute stets als ruhiges Bei-sich-Sein, als immer schon Im-Besitze-Sein ausgelegt, so Aristoteles, wenn er den göttlichen Nous als unbewegten Beweger beschreibt, der, obwohl alles andere bewegend, selbst unbeweglich verharrt, so Plotin, wenn er das Ureine als Ursprungs- und Kausalitätsprinzip auffasst, das trotz seiner Wirkungsweise selbst un-veränderlich bleibt, oder Thomas von Aquin, wenn er in Anlehnung an Aristoteles Gott als *intellectus agens*, als nach außen wirkendes, aber in sich ruhendes Tätiges und Handelndes konzipiert. Wenn daher das Absolute durch Diskursivität charakterisiert wird wie bei Hegel, wenn es selbst als Prozess aufgefasst wird, so geht dies auf das Konto des endlichen Verstandes. Aus diesem Grunde kann sich Hegel auch zu der Aussage verstehen, dass als Wissenschaft, d.h. als verstehendes Erkennen, „die Wahrheit [das Absolute] das reine sich entwickelnde Selbstbewußtsein“ sei.[50]

Die spezifische Form des Prozesses hingegen, die bei Hegel nicht in einem endlosen Fortgang, sondern in einer rückläufigen Bewegung besteht, wie sie bildlich durch den Kreis ausgedrückt wird, geht auf das Konto des Absoluten, auf seine Vollkommenheit und Geschlossenheit. Denn ohne in das Absolute eingezeichnet und von ihm getragen zu sein, ohne die selbsteigene Bewegung des Absoluten zu sein, wäre die Bewegung nur als offener, endloser Fortgang denkbar. So haben emanatistische Weltentstehungstheorien wie der Neuplatonismus und Fichtes Spätphilosophie unter der Voraussetzung, dass das Absolute an sich schon vollkommen ist, die Bewegung nicht anders zu deuten vermocht denn als Überfließen der Fülle, als grenzenlosen Hinausgang des Absoluten zur Mannigfaltigkeit. Bei einem Absoluten hingegen, bei dem die Bewegung zur Vervollkommnung gehört wie

50 WdL, Bd. 5, S. 43.

beim Hegelschen Absoluten, ist dieselbe nur als geschlossene zyklische vorstellbar. Aus diesem Grunde hat Hegel das Kreismodell zur Kennzeichnung und Abgrenzung seiner Theorie von den am Modell der ins Unendliche fortlaufenden Linie orientierten benutzt. So beschreibt er die *Wissenschaft der Logik* im Verhältnis zu ihren eigenen Teilen als „Kreis von Kreisen"[51] oder bestimmt die Einzelwissenschaften im Verhältnis zum Gesamtsystem als „Bruchstücke dieser Kette [von Kreisen]"[52]. Obwohl die Kreisform der räumlich-zeitlichen Außenwelt entnommen ist, ist sie zu der für Hegels Philosophieren typischen, ja geradezu stilbildenden Denkfigur geworden, so dass man sein System auch als Rotationstheorie angesprochen hat. Die Kreisform tritt bei ihm unter den verschiedensten Namen auf: als Rückkehr in sich, Reflexion in sich, Abstoßen von sich und Ankommen bei sich, Mit-sich-Zusammengehen, absolute Negation u.a.

Es ist Hegels spezifische Leistung, mit seiner Theorie ein Modell erstellt zu haben, das Absolutes und Endliches, Vernunft und Verstand in eins zu denken gestattet oder, wie man den Sachverhalt auch wenden könnte, da Vernunft das Innehaben des Systemgrundes und Verstand das Vermögen zu dessen systematischer Explikation ist, das den Zusammenfall von Systemgrund und explizitem System anzunehmen erlaubt. Betrachtet man dieses Modell speziell im Hinblick auf die Begriffe der Einheit und Mannigfaltigkeit sowie deren Modifikationen, so wird man unschwer in ihm das Konzept einer Einheit erkennen, in der Pluralität, Diversität, Relationalität usw. impliziert sind, einer Einheit, die folglich die Totalität ausmacht. Nicht mehr steht wie in Fichtes theoretischem Ansatz die absolute Einheit der Mannigfaltigkeit gegenüber - bildlich gesprochen: über ihr –, sondern fällt mit ihr zusammen, so dass die Einheit als Einheit der Zweiheit erscheint und umgekehrt die Zweiheit als in die Einheit integriert, als Zweiheit der Einheit. Die Methode zur Entfaltung dieser Einheit heißt Dialektik.

Ihre Grundfigur ist das Sich-Entzweien der Einheit und das Sich-wieder-mit-sich-Vereinen der Entzweiten zur gefüllten Einheit. Gewöhnlich versteht man unter Dialektik ein Verfahren, das äußerlich dem Schema der Triplizität folgt und aus Thesis, Antithesis und Synthesis besteht, wobei die Synthesis wieder als Ausgang eines neuen Dreischritts fungieren kann, indem sich ihr als neuer Thesis eine neue Antithesis entgegengestellt, die mit ihr zusammen eine neue Synthesis bildet, von der dasselbe gilt und so ins Unendliche. Die antreibenden Momente dieser Dialektik sind Position, Negation und Negation der Negation, welche letztere wieder mit der Position zusammenfällt, womit der Kreislauf von vorn beginnen kann. Obzwar Hegel

51 WdL, Bd. 6, S. 571.V, 351)

52 WdL, Bd. 6, S. 572.

den äußerlichen Gebrauch dieser Methode, der es primär um Zählung der Momente geht und um Anwendung auf beliebige Sachverhalte ohne Einsicht in deren interne Dynamik, kritisiert, hält er selbst an diesem Formalismus mit rigoroser Strenge fest, so dass sich derselbe zum Ausgangs- und Einstiegspunkt einer tiefer dringenden Analyse eignet.

Tiefer führt uns die Reflexion auf die Funktionsweise des dritten Gliedes, das sich als ambivalent zeigt, insofern es einerseits die Verbindung aus Thesis und Antithesis formuliert, andererseits kraft des aus der Verbindung resultierenden Ergebnisses etwas Neues, durchaus Selbständiges und vom Vorangehenden Unabhängiges bezeichnet, das sich zum Ausgang eines neuen Dreischritts und damit zur Thesis qualifiziert. Diese Ambivalenz, die das Glied als ein die Reihe beschließendes und zugleich als ein eine neue Reihe eröffnendes erweist, ist Ermöglichungsgrund des formalen Zusammenfalls des Endes der Reihe mit dem Anfang und damit der Schließung zum Kreis. Diese Erkenntnis hat Hegel genutzt für seine Rotationsphilosophie. Der sich hierbei abspielende Mechanismus lässt sich am leichtesten mit Hilfe der Termini von Setzung und Nichtsetzung bzw. von Reflektiertheit und Unreflektiertheit beschreiben. Das dritte Moment zerfällt hiernach in ein gesetztes und ungesetztes Element, wobei das erstere in der Exposition der Synthesis von Thesis und Antithesis besteht, das letztere in der Möglichkeit eines neuen Anfangs, einer potentiellen Thesis; denn die Thesis als Thesis wird genau das setzen, was das dritte Glied der Möglichkeit nach enthält.

Wie dieses dritte Glied außer der thematischen Setzung der Synthesis als unthematisches Moment die Thesis involviert, so involviert es auch, ebenfalls unthematisch, in der Beziehung zwischen beiden, welche eine Negationsbeziehung, ein Ausschluss des einen durch das andere ist, das Moment der Antithesis, das im Gange des Dreischritts die zweite Stelle einnimmt.

Diese Implikationsstruktur reflektierter und unreflektierter Momente im dritten Glied wirft ein Licht auch auf die anderen Glieder des Dreischritts. Wenn das erste Glied der Trias – die Thesis – zunächst als voraussetzungsloser Anfang erschien, so zeigt es sich nun vor dem Hintergrund der Synthesis gebunden an diese. Es stellt kein einfaches, sondern ein komplexes Glied dar, das zunächst explizit es selbst, die Thesis, ist und implizit die Synthesis enthält, in der es fundiert ist, wie auch implizit die Antithesis, und zwar in der oppositionellen Beziehung beider.

Nach der bisherigen Strukturanalyse steht zu erwarten, dass dieselben Bestandteile mutatis mutandis auch im zweiten Glied, der Antithesis, begegnen. Das ist in der Tat der Fall. Während es auf explikativer, thematischer Ebene die Entgegensetzung zur Thesis, also die Antithesis, formuliert, stellt es auf unthematischer Ebene zum einen wie jedes Glied der Trias eine ursprüngliche, einfache Setzung dar, wie sie die Thesis zum Ausdruck bringt, und zum anderen das Ganze, das aus der thematischen Antithesis und der unthematischen Thesis besteht und in dieser unthematischen Setzung auf den nächsten Schritt deutet.

So zeigt die exakt durchgeführte Stukturanalyse der Dreischritt-Formel, dass jeder der Schritte ebenso Teil wie Ganzes ist. Jeder der das Ganze konstituierenden Teile enthält sein Gegenteil in sich und infolgedessen das Ganze, wie umgekehrt das aus Teil und Gegenteil konstituierte Ganze selbst nur den Status eines Teils hat. Im Momentsein der Momente liegt Ganzheit und in der Ganzheit des Ganzen Momentsein. Dieser Sachverhalt lässt sich auch so ausdrücken, dass die Teile, welche die Relata des relationalen Ganzen bilden und von diesem nicht unabhängig gedacht werden können, die ganze Relation repräsentieren und die ganze Relation ihrerseits wieder Einzelrelatum ist.

Trotz dieser durchgängigen Gleichstrukturiertheit macht es Sinn, die einzelnen Glieder des Dreischritts hinsichtlich ihres Aussagegehaltes voneinander zu unterscheiden, sofern jedes einen spezifischen Aspekt der Totalität wiedergibt. Und ebenso finden sich gute Gründe, bei der Anordnung in genau der Weise zu verfahren, in der Hegel verfährt, nämlich mit dem Einfachsten und Ursprünglichsten, der voraussetzungsfreien Setzung, zu beginnen, zum Abgeleiteten und Abhängigen, der Entgegensetzung als einem auf Voraussetzung Basierenden überzugehen und mit der Zusammenfassung von Setzung und Entgegensetzung zu enden. Da die von Hegel befolgte Methode vom Einfachen zum Komplexen geht, also synthetisch verfährt und gleichwohl innerhalb der Strukturtotalität verbleibt und sich als Bedeutungsexplikation erweist, mithin auch wieder analytisch vorgeht, hat sie die Zwitternatur, synthetisch und analytisch zugleich zu sein.

Als Resultat der bisherigen Analyse ist festzuhalten:

1. Die dialektische Methode beschreibt formal eine Kreisfigur, die auf dem Zusammenfall des letzten Gliedes der Triade mit dem ersten beruht und dadurch die Möglichkeit zu erneutem, prinzipiell beliebig oft iteriertem Umlauf eröffnet.

2. Als Grund des Zusammenfalls von synthetischem und thetischem Glied wie auch der übrigen ist die Ambiguität jedes Gliedes zu betrachten, der zufolge jedem sowohl Moment- wie Totalitätscharakter eignet.

3. Die unaufhebbare Diskrepanz zwischen reflektierten und unreflektierten Momenten erweist sich als Movens des Hinausgangs jedes Gliedes über sich,

nicht nur des Fortschritts von der Thesis über die Antithesis zur Synthesis, sondern auch der Synthesis zur Thesis usw.

Auf dieser Methode hat Hegel die Niederschrift der Logik aufgebaut, die in concreto durchzugehen nur eine Einzelinterpretation leisten könnte. Mit dieser Methode hat Hegel nicht nur sein eigenes System konstruiert, sondern auch anderen geisteswissenschaftlichen Disziplinen wie der Ethnologie und der Kulturtheorie ein probates methodisches Mittel an die Hand gegeben, sich selbst als die Endgestalt eines Prozesses auszugeben und zugleich den Entwicklungsgang, der zu ihr hinführt, mit einzuschließen.

Dennoch zeigt die Methode eine Inkonsequenz. Ein Totalitätssystem, das als geschlossenes betrachtet wird, ist nur vor einem offenen Hintergrund vorstellbar, von dem es sich abhebt und der erkennen lässt, dass es immer noch weitere Momente gibt, zu denen eine Beziehung möglich wäre, die also in das System integrierbar wären. Eine Abgeschlossenheit kann durch Selbstbeziehung gerade nicht bewiesen werden. Weder von außen zeigt sich das System als vollendet, erst recht nicht von innen, da die Vollständigkeit der Explikation der Momente nie erkennbar ist.

13. Verschiedene Zugänge zum Absoluten

Den Abschluss der bisherigen Studien soll ein systematischer Überblick über die diversen Vergewisserungsweisen des Absoluten bilden, die im Idealismus diskutiert worden sind. Es handelt sich hier um ein epistemisches Problem, das die Transzendenzfrage betrifft. Man kann daher die folgende Darstellung als eine positionstheoretische Erörterung über die Möglichkeit oder Unmöglichkeit eines Zugangs zum Absoluten von der erkennenden Subjektivität aus betrachten und, im Falle der Möglichkeit, als Explikation der diversen Formen des Zugangs.

Bezüglich der Grundfrage, ob es einen Zugang zum Absoluten von der endlichen erkennenden Subjektivität aus gibt oder nicht, besteht eine Alternative, die sich schon in der Frage ankündigt.

1. Bedenkt man, dass alles Wissen unser Wissen ist, so kann es fragwürdig erscheinen, ob der Horizont desselben jemals transzendiert werden kann in Richtung auf einen existentiellen Grund dieses Wissens. Wenn alles Wissen an unsere Erkenntnisbedingungen gebunden ist, die den Rahmen des menschlichen Wissens abstecken, wie kann dann dieser Rahmen transzendiert werden? Der Hinausgang über das Ganze des Wissens, über seine Geschlossenheit, hieße Grenzüberschreitung und sähe sich dem Grenzproblem

konfrontiert. Es gibt gute Gründe zu behaupten, dass der Überstieg über das Wissen in Richtung auf einen möglichen Grund des Wissens im Rahmen und mit den Mitteln eben dieses Wissens einem Immediatismus verfällt, der der Immanenz des Wissens verhaftet bleibt. Der Überstieg erweist sich als ein scheinbarer, nicht als ein wahrhafter, da das Wissen und das von ihm Gewusste den letzten Horizont des Wissenden bilden. Die Konsequenz aus dieser Überlegung ist, dass das Subjekt aufgrund seiner Selbstreferenz zum Absoluten selbst avanciert, da es alles ausmacht, was wissbar ist.

Eine solche Position findet sich bei Fichte in der *Wissenschaftslehre* von 1794 vertreten, wenngleich sie nicht sein letztes Wort ist. Fichte insistiert darauf, dass faktisch das Absolute, mag es im ontologischen Sinne Sein oder im theologischen Gott heißen, Gegenstand des Bewusstseins und damit Relat einer Bewusstseinsrelation ist, deren anderes Relat das Bewusstsein ist. Durch die Objektivation des Absoluten wird dasselbe in die Immanenz des Bewusstseins geholt und damit relativiert. Es verliert seinen Absolutheitsstatus. Indem das Absolute für das Bewusstsein präsent ist, ist es Gegenstand des Bewusstseins und damit im Bewusstsein und somit gerade nicht das Absolute. Faktisch ist diese Relativierung unaufgebbar, da sie gebunden ist an die Bedingungen unseres Denkens und Sprechens.

2. Die andere Alternative behauptet die Möglichkeit eines Zugangs zum transzendenten Absoluten von der endlichen erkennenden Subjektivität aus und die Erfassbarkeit desselben trotz Anerkennung der endlichen Subjektivität. Da dieser Zugang wegen der Endlichkeit des Wissens nicht theoretisch durch das Wissen und seine Momente, Denken und Anschauung, erfolgen kann, stellt sich notwendig die Frage nach anderen Möglichkeiten der Vergewisserung.

Bei Versagen einer theoretischen Vergewisserung legt sich die religiöse nahe. Sie nimmt ein besonderes Organ bzw. ein besonderes Vermögen an, mag dieses religiöses Gefühl, Glaube, innere Erfahrung, Eingebung, *unio mystica* oder sonst wie genannt werden. Diese besondere Fähigkeit garantiert den immediaten Zugang des Menschen zu Gott und damit auch eine koinzidentelle Einheit.

Eine solche Position hat Friedrich Heinrich Jacobi vertreten, z.B. in seiner Schrift *Über das Unternehmen des Kritizismus, die Vernunft zu Verstande zu bringen und der Philosophie überhaupt eine neue Absicht zu geben* (1802). Aus seinem Werk lassen sich zwei Thesen herauskristallisieren; zum einen die Kritik an der Kantischen Theorie des Dings an sich, die in letzter Konsequenz zur Dekuvrierung der Kantischen Philosophie als eines radikalen Solipsismus bzw. Egoismus führt, und zum anderen die Kritik an jeder Reflexionsphilosophie, die nach Jacobi Spinozismus und damit Nihilismus ist. Die sich daraus ergebende Konsequenz ist eine theoriefeindliche Existenzphilosophie, die die Aufgabe der Philosophie auf Daseinsoffenbarung beschränkt und zu diesem Zweck das religiöse Moment als Vergewisserungsweise des Absoluten in Ansatz bringt. Einzig auf der Basis einer Daseinsoffenbarung ist Philosophie hiernach möglich und sinnvoll; die nachgeordnete Aufgabe besteht dann in der rationalen, begrifflichen Auslegung des religiös Vergewisserten.

Jacobi durchschaut die Inkonsequenzen und Inkonzinnitäten der Kantischen Theorie und zeigt, dass sie bei striktem Durchdenken zu einem radikalen Solipsismus bzw. Egoismus führt; denn da das Ding an sich per definitionem unzugänglich ist und somit kein Gegenstand des Bewusstseins sein kann, reduziert sich alles auf die erkennende Subjektivität, und zwar auf die einzelne, ohne dass man zur Überzeugung der Existenz anderer erkennender Subjekte genötigt würde. Die Konsequenz ist ein radikaler Solipsismus oder Egoismus. Manifest werden die Absurditäten der Kantischen Philosophie nach Jacobi in Fichtes Frühphilosophie, die mit dem Anspruch auftritt, dass das Selbst-Begreifen ein Alles-Begreifen ist. In Wahrheit aber, so Jacobi, führt diese reine Subjektivitätstheorie in einen Nihilismus. Mag nach Streichung der Realität und des Ansichseins der Außenwelt, die zum Schein degradiert wurden, immerhin noch die Realität und das Ansichsein des Subjekts bleiben, nach Streichung auch der Realität und des Ansichseins des Subjekts bleibt nichts Reales mehr, da auch das Subjekt zum Schein degradiert wird. Nach Jacobi ist Fichtes absolutes Ich nichts weiter als ein absolutes Gespenst. Subjekt und Objekt in diesem Ich werden mit zwei Stricknadeln zum Strümpfestricken verglichen, mittels deren sich in die Strümpfe Sonne, Mond und Gestirne einstricken lassen, ohne jeglichen Realitätsbezug.

Jacobis Kritik nicht nur an Kants und Fichtes Philosophie, sondern an jeder Art Reflexionsphilosophie zielt darauf, dass sie in einem reinen Nihilismus, in der Leugnung jedes Realitätsbezugs, endet. Nach Jacobi ist jede konsequente Philosophie Spinozismus und damit Nihilismus. Für Spinoza – so Jacobi -- existiert nur die Eine Substanz, Natur oder Gott genannt, und *res extensa* und *res cogitans* als deren Attribute. Dies impliziert nicht nur die Aufhebung der Selbständigkeit der endlichen Gegenstände, insofern sie zu Attributen des Göttlichen werden, sondern auch die Aufhebung der Differenz zwischen Unendlichem und Endlichem. Das Unendliche wird zu einer immanenten Unendlichkeit, die immer schon bei dem Geschaffenen ist. Statt das Geschaffene aus dem Unendlichen hervorgehen zu lassen, ist das Unendliche immer schon bei dem Endlichen und im Endlichen. Für Jacobi ist die Konsequenz dieser Philosophie Nihilismus. Hieraus ergibt sich für ihn eine negative Auffassung der Philosophie, zumindest der Reflexionsphilosophie.

Die Selbstkritik der Philosophie muss für ihn zu einer Selbstbegrenzung der Philosophie führen, und die ist nur möglich unter der Voraussetzung, dass jenseits der Theorie eine absolute Realität existiert und vergewisserbar ist. Diese Stelle ist der systematische Ort für die Einführung des Glaubens und der Religion. Nur auf deren Basis wird Philosophie zugelassen und ihr Ziel als Selbstaufhebung bestimmt, was zugleich Selbstfindung im Unendlichen bedeutet. Philosophie hat nach Jacobi allenfalls die Aufgabe der Offenbarung des Seins. Diese These wurde von Hölderlin aufgenommen und für die Dichtung genutzt. Mit ihr ist Jacobi aber auch zum Vorläufer und Positionsartikulanten der Lebens- und Existenzphilosophie geworden. Von ihm her lässt sich auch der späte Schelling und der von diesem vollzogene Übergang von der negativen zur positiven Philosophie verstehen, ebenso Kierkegaards These der Existenzerhellung und Diltheys Spruch, dass man hinter das Leben nicht zurückfragen könne, und noch Heideggers Philosophie der Daseinsoffenbarung steht in seinem Bann.

Eine letztlich religiöse Vergewisserung des Absoluten findet sich auch in Fichtes Spättheorie ab 1800. In der *Wissenschaftslehre* von 1801/02, § 26, führt Fichte in diesem Kontext das Gefühl als dasjenige Organ oder Medium ein, mittels dessen sich eine Art *unio mystica* zwischen dem endlichen Subjekt und dem unendlichen Absoluten herstellt. Mit Gefühl ist hier keineswegs das sinnliche Gefühl, die Empfindung des Kalten, Warmen, Harten oder Weichen gemeint, sondern ein intellektuelles Gefühl. In seiner Schrift *Rückerinnerungen, Antworten, Fragen* von 1799 unterscheidet Fichte zwei Gefühlstypen und bestimmt den einen als das „unmittelbare Gefühl der Gewissheit und Nothwendigkeit eines Denkens“[53]. Der Terminus „Gefühl“ wird hier für den intellektuellen Bereich in Anspruch genommen. Die Analogie zum sinnlichen Gefühl dürfte sich aus zwei Gründen erklären: Zum einen zeigt das intellektuelle Gefühl dieselbe Abhängigkeit, die für das sinnliche Gefühl oder das Empfinden charakteristisch ist, da dieses an die Präsenz des Gegenstandes oder Sachverhaltes gebunden ist – im intellektuellen Bereich soll das Gefühl die Abhängigkeit von der Präsenz des absoluten Seins anzeigen. Zum anderen entspricht die *unio mystica* zwischen dem endlichen Subjekt und dem unendlichen Sein der immediaten Einheit und Undifferenziertheit von Empfindendem und Empfundenem im natürlichen Bereich der Emotionen. In der *Wissenschaftslehre* von 1804 wird der Terminus „Gefühl“ substituiert durch den neutraleren der „Vernunft“. Hier wird die ichlose Vernunft vom ichhaften, selbstbewussten Verstand unterschieden und als dasjenige Vermögen gefasst, das den unmittelbaren Zugang zum Absoluten garantiert bzw. im Falle der Realisation mit dem Absoluten identisch

53 Fichte: Werke, Bd. 5, S. 356.

ist. Statt Vernunft werden gelegentlich auch Begriffe wie „Leben", „Erleben", „Existenz" gebraucht, worunter das geistige Leben, die Realität des Bewusstseinsaktes, verstanden wird, mittels dessen wir am Leben des Absoluten partizipieren. Erst auf dieser Basis kommt unserem bewussten Leben die Aufgabe der rationalen, begrifflichen Auslegung dessen zu, was wir existentiell sind. Auch dieses Fichtesche Theorem vom Leben bzw. von der Existenz gehört in den Kontext der Lebens- und Existenzphilosophie mit ihrer Devise, dass man hinter das Leben nicht zurückgehen, sondern dasselbe nur auslegen könne.

3. Eine weitere Variante ist die ästhetische bzw. poetische Vergewisserung des Absoluten. Ihr eminentester Vertreter ist Hölderlin in seiner kleinen, fragmentarisch gebliebenen Systemschrift mit dem Titel *Urteil und Sein* von 1795, die nur zwei Seiten umfasst. In ihr vollzieht Hölderlin zwei Schritte: Den Ausgang bildet eine Kritik an Fichte, und zwar an dessen Ansatz des Ich als Prinzip der Philosophie. Das Ich oder Selbstbewusstsein kann nicht Letztbestimmung sein, da es zum Korrelat stets das Objekt hat. Die Einheit von Subjekt und Objekt ist nur transsubjektiv denkbar durch die Annahme eines transsubjektiven Prinzips, das Hölderlin das Sein nennt. Mit diesem Ansatz und Bekenntnis zu einem Einheitsprinzip ist Hölderlin zum Wegbereiter des metaphysischen Monismus geworden, schon vor Fichte. Im Sein erfolgt die Urteilung, wie dies schon der Titel der Schrift andeutet. Mit Urteilung ist nicht ein Urteil im logischen Sinne über das Sein gemeint, da so Urteil und Sein im Verhältnis der Korrelation stünden, sondern die originäre Teilung des Seins in die Subjekt-Objekt-Relation, d.h. in die Reflexion. Nach erfolgter Urteilung der Einheit lässt sich diese nicht wieder rückgängig machen, zumindest nicht theoretisch, da das Sein das Unvordenkliche, das Vorauszudenkende ist. Dennoch muss diese Einheit wiederhergestellt werden. Der Weg, auf dem dies geschieht, ist für Hölderlin die Kunst, das ästhetische Werk. Die Einheit ist poetisch antizipierbar durch das Andenken und die Erinnerung in der Kunst.

Ein zweiter Weg, der über die Natur führt, bleibt ambivalent, da die Lebenstendenzen divergierend sind und erst am Ende des Weges die Aufhebung der Divergenzen steht. Das Leben selbst ist durch Konflikt gekennzeichnet, weil es den unaufhebbaren divergierenden Prinzipien treu bleibt. Erst am Ende des dynamischen Prozesses steht die Aufhebung der Differenzen und die Einheit. Nur in der Kunst ist dieselbe antizipierbar.

4. Außer den bisher genannten Vergewisserungsweisen lässt sich noch eine praktische Vergewisserung des Absoluten denken. Sie ist sowohl für Fichtes Frühphilosophie bis 1800 wie auch für den frühen Schelling charakte-

ristisch. Jedoch hat sich diese Interpretation den Vorwurf des Atheismus zugezogen und ist zum Anlass des Atheismusstreites geworden; denn das Absolute oder theologisch Gott wird hier nicht als Person aufgefasst, sondern als moralische Weltordnung, als ein intelligibles Reich freier, vernünftiger und sittlicher Wesen, von dem der Einzelne ein Teil ist. So wie die Einzelwesen durch ihr sittliches Handeln die moralische Weltordnung realisieren, so realisiert sich umgekehrt diese Ordnung in den Einzelwesen. Durch das sittliche Handeln gemäß dem kategorischen Imperativ ist der Einzelne mit dem Universum sittlicher Wesen verbunden. Das sittliche Handeln fungiert hier also als die Art und Weise, kraft deren der Einzelne mit dem Universum freier sittlicher Wesen kommuniziert und am Absoluten, verstanden als moralische Weltordnung, teilhat. Die Verpflichtung auf das sittliche Gesetz ist aber nur dann sinnvoll, wenn dieses ein Vernunftfaktum ist, das im und durch das sittliche Bewusstsein und Handeln vergewisserbar ist. Es zeigt sich hier ein praktischer Weg, durch Handeln und im Handeln am Absoluten teilzuhaben.

In dieselbe Richtung geht auch Schellings Frühschrift von 1795 *Vom Ich als Prinzip der Philosophie oder über das Unbedingte im menschlichen Wissen*, die zu den Schriften über den Dogmatismus gehört. Im Anschluss an Kant und Fichte ist Schelling der Meinung, dass sich das sittliche Bewusstsein einer Reduktion auf das theoretische Bewusstsein entzieht und der praktischen Vernunft ein Primat gegenüber der theoretischen gebühre. Philosophie als ganze sei auf das Unbedingte bezogen, und dies sei im Praktischen zu suchen und zu finden. Auch hier bildet den Ausgangspunkt der Philosophie das Praktische, sofern dies das unbedingte Absolute ist.

5. Neben der religiösen, ästhetischen und praktischen Vergewisserung darf die theoretische nicht fehlen, wie sie sich in Hegels *Wissenschaft der Logik* und in Schellings *Darstellung meines Systems der Philosophie* von 1801 dokumentiert. Freilich handelt es sich hier nicht um das normale theoretische Wissen mit den Komponenten Anschauung und Denken, sondern um eine besondere, zur Erfassung des Unendlichen qualifizierte Wissensform, die Spekulation. Sie besteht nach Hegel in einem vernünftig gewordenen Verstand bzw. in einer verständig gewordenen Vernunft, mit anderen Worten: in der Erweiterung des endlichen Begriffes zum absoluten Begriff, im Zusammenfall von Verstand und Vernunft. Die im Ausgang vom rationalen, begrifflichen, gedanklichen Moment der endlichen Erkenntnis gewonnene panlogistische Methode besteht in der Entwicklung einer besonderen logischen Diskursform, der Dialektik, die, wie sich anhand einer Interpretation der *Wissenschaft der Logik* zeigen ließe, eine Sequenz verschiedener Dialektiktypen ist. Historisch gesehen ordnet sich dieser Panlogismus in die auf

Anaxagoras' Nous-Theorie zurückgehende Intellektualansicht des Universums ein. Er ist eine Fortsetzung und Weiterentwicklung des griechischen Logos-Begriffs. Logos tritt bei Hegel in drei Stufen auf: 1. meint Logos den Gedanken im Sinne des Gedachten. Er ist eine logische Form in Fortsetzung der platonischen Form. Den Ausgang bildet nicht das Denken, sondern das Gedachte. 2. Der Logos tritt auf als Vernunft, als über sich selbst verständigte Form. Die Form entfaltet und entwickelt sich zum Begreifen ihrer selbst. Der Gedanke vom sich selber denkenden Denken wird auch hier konstruiert vom Gedachten aus, nicht vom Denken. Es ist die Form, die zum Sichselber-Denken gelangt. 3. Der Logos begegnet als Geist, genauer als Geistprozess. Diese Stufe thematisiert das Verhältnis des endlichen Wissens zum Absoluten. Das Wissen vom Absoluten muss im endlichen Wissen präsent sein. Es muss eine von der Endlichkeit notwendig gewusste Form darstellen, mithin vom Endlichen her gedacht werden. Die Endlichkeit muss in das Wissen eintreten können, welches nicht sein eigenes ist, und dies geschieht in der Form, dass das Individuum, der Einzelne, als Bestandteil des als *singulare tantum* gedachten Absoluten auftritt. Der Einzelne geht damit in den Prozess des sich selber denkenden Denkens ein, der die Wirklichkeit als ganze ausmacht.

Anders wird das Verhältnis von Absolutem und Endlichem bei Schelling gedacht in der *Darstellung meines Systems der Philosophie* von 1801. Nach dieser Schrift wird das Absolute in einem ersten Schritt intuitiv vergewissert in einer intellektuellen Anschauung, also auf unmittelbare Art vorgestellt, in einem zweiten Schritt mittels der Reflexionsform verstehbar gemacht in einem Explikationsprozess, der anders verläuft als bei Hegel, nicht in Gestalt eines Kreislaufs, sondern in Gestalt eines einsinnig gerichteten Prozesses der Differenzierung und Spezifikation von oben nach unten. Die ursprüngliche Subjekt-Objekt-Einheit differenziert und spezifiziert sich sukzessiv und graduell nach dem Prinzip der freien Variation der Verhältnisse. Sie tritt in Natur- und Geistphilosophie auseinander, wobei in der Naturphilosophie das objektive Element, in der Geistphilosophie das subjektive überwiegt, jedoch die qualitative Einheit gewahrt bleibt, so dass es auf jeder Stufe zu einer Indifferenzierung kommt. Auf diese Weise realisiert das explizite System die ursprüngliche absolute Subjekt-Objekt-Einheit in sukzessiv und kontinuierlich aufeinander folgenden Stufen in allen Graden und Modifikationen, wobei die Indifferenz auf jeder Stufe dafür sorgt, dass das explizite System und der Ursprung koinzidieren.

14. Schellings Naturphilosophie

Man geht nicht fehl in der Annahme, wenn man behauptet, dass im Fokus von Schellings Philosophie die Natur steht. Da Schelling als Proteus unter den idealistischen Philosophen gilt, der System über System entwarf, verwarf und neu konstruierte, liegt die Frage nicht fern, ob ein durchgängiges einheitliches Naturkonzept vorliegt, das eventuell nur ausgebaut, erweitert und vertieft wurde, oder ob es einer ständigen Veränderung unterlag. Unterscheiden lassen sich grob fünf Epochen in Schellings Entwicklung[54]:

Die früheste Beschäftigung, die in der Schrift *Ideen zu einer Philosophie der Natur als Einleitung* in das Studium dieser Wissenschaft von 1797 ihren Niederschlag fand – Schelling war damals gerade 22 Jahre alt –, stand noch weitgehend unter dem Einfluss Fichtes und des subjektiven Idealismus, in dessen Sinne Schelling zu philosophieren begann. Sie geht von der Vorstellung aus, dass Naturerfahrung, da sie durch das Subjekt und dessen Strukturen geprägt ist, auch nur von diesem aus konstruiert werden kann. Fichte seinerseits hatte den Kantischen erkenntnistheoretischen Ansatz, die sogenannte kopernikanische Wende, aufgegriffen und radikalisiert, wonach nicht, wie es die gewöhnliche Meinung ist, die Erkenntnis sich nach den Gegenständen richtet, sondern umgekehrt die Gegenstände nach der Erkenntnis und deren Bedingungen. Dies bedeutete eine Depotenzierung des Dings an sich zur bloßen Vorstellung vom Ding an sich und damit auch der Natur zur bloßen Vorstellung von ihr, eine Ansicht, gegen die sich leicht der Vorwurf eines bloßen Hirngespinstes erheben ließ, wie ihn Jacobi in Bezug auf Fichte und auch auf Schelling in der Tat erhoben hat.

Allerdings deutete sich schon in dieser ersten naturphilosophischen Schrift zumindest in einigen Passagen und in der offensichtlich erst am Schluss geschriebenen Einleitung eine Grunddifferenz zu Fichte an, die sich in den kommenden Jahren immer mehr verstärken sollte. Ging es Fichte um die Gewissheit des Wissens, die Evidenz der Erkenntnis und ihre logische Strukturiertheit, so geht es Schelling um den Realitätsbezug. Obwohl beide vom Ich ausgehen, akzentuiert Fichte bezüglich desselben das „Ich = Ich“ und unterstellt alle Naturerkenntnis den logischen Bedingungen dieser Identität, während Schelling am Ich das „Ich bin“, die Existenz, die naturhafte Vorgegebenheit, hervorhebt. In dem späteren berühmt gewordenen Briefwechsel zwischen Fichte und Schelling aus den Jahren 1800 -- 1802, der zum Bruch beider führte, wird diese Grunddifferenz auf zwei prägnante Formeln

54 Vgl. S. 84 dieser Arbeit.

gebracht: „Alles = Ich" und die Umkehrung „Ich = Alles"[55]. Während die zweite Version Fichtes Position bezeichnet, der zufolge alles im Ich ist und insofern dessen Struktur trägt, d.h. das Ich den letzten Grund von allem abgibt, bezeichnet die erste Version Schellings Position, der zufolge das Ich im Sinne der Subjekt-Objekt-Identität allem Seienden zukommt.

Die zweite Phase, in welche die Schrift *Von der Weltseele, eine Hypothese der höheren Physik zur Erklärung des allgemeinen Organismus* (1798) gehört und bekanntlich einen großen Einfluss auf Goethes spätere Naturphilosophie ausübte, ebenso die Schrift *Erster Entwurf eines Systems der Naturphilosophie* (1799) sowie die Einleitung dazu aus demselben Jahr, verstärken den Gedanken einer Realexistenz der Natur und einer sich selbst organisierenden Materie und führen in der Schrift *System des transzendentalen Idealismus* von 1800 zu einer Parallelbehandlung von Natur- und Transzendentalphilosophie.

Die dritte Phase, die die Identitätsphilosophie kennzeichnet, wie sie in der Schrift *Darstellung meines Systems der Philosophie* (1801) ihren Niederschlag findet, versucht die Parallelität durch eine ursprüngliche Subjekt-Objekt-Einheit bzw. -Identität – auch absolute Indifferenz von Subjekt und Objekt genannt – zu begründen, und zwar so, dass aus dem gemeinsamen Substrat die Ableitung der Phänomene in Natur- und Geistphilosophie erfolgt, wobei auf der einen Seite das objektive Moment, auf der anderen das subjektive des jedoch beide Momente involvierenden Substrats überwiegt, so dass sich im Ganzen die graduell abgestuften Reihen indifferenzieren und harmonisch ausgleichen.

In den Jahren der kritischen Auseinandersetzung mit Fichte 1800 --1802, die schließlich die Unvereinbarkeit ihrer philosophischen Positionen an den Tag brachte, setzt sich immer mehr der Vorrang der Naturphilosophie vor der Geist- bzw. Transzendentalphilosophie durch und bleibt auch in der Folgezeit trotz mannigfacher Modifikationen in der Darstellung erhalten. In der Schrift *Darlegung des wahren Verhältnisses der Naturphilosophie zu der verbesserten Fichteschen Lehre* (1806), mit der Schelling den Streit mit Fichte abschloss, ebenso in der im gleichen Jahr erschienenen Schrift *Aphorismen über die Naturphilosophie* unterstreicht er nochmals den Grundgedanken seiner Naturphilosophie von der alle Gestalten durchwirkenden Existenz.

Beginnend mit den *Philosophischen Untersuchungen über das Wesen der menschlichen Freiheit* von 1809 und dann insbesondere in den als positive Philosophie bezeichneten *religionsphilosophischen Schriften (Philosophie*

55 Vgl. Schellings Brief an Fichte vom 24.5.1801, in: *Fichte - Schelling Briefwechsel.* Einleitung von Walter Schulz, Frankfurt a. M. 1968, S. 122.

der Mythologie und *Philosophie der Offenbarung*) radikalisiert Schelling den Existenzgedanken und weitet ihn zum Begriff des Absoluten aus.

Überblickt man die einzelnen Stadien, so lässt sich, grob gesagt, ein Weg von einer Priorität der Transzendentalphilosophie vor der Naturphilosophie über eine Parallelität beider bis hin zu einer Priorität der Naturphilosophie vor der Transzendentalphilosophie konstatieren.

Von seiner Spätphilosophie aus, die Schelling als positive bezeichnet, hat er seine frühere Philosophie als negative abgegrenzt. Eine solche Aussage lässt zwei Interpretationen zu: Entweder liegt wirklich eine inhaltliche Änderung der Ansichten über Natur vor oder lediglich eine formale Schwerpunktverschiebung. Letzteres scheint eher der Fall zu sein, insofern in der Frühphase die Wissensvermittlung einer an sich seienden Natur, die Erfahrbarkeit der Natur durch die subjektiven Wissensstrukturen, überwiegt, in der Spätphilosophie das Ansichsein der Realität. Im letzteren Sinne ist bereits die frühe Naturphilosophie als positive Philosophie zu charakterisieren. Sie ist nicht nur eine Methodologie, eine „Philosophie der Philosophie, die bloß reflexiv und logisch verfährt ohne Bezug auf die Realität"[56], wie Schelling dies Fichtes Wissenschaftslehre vorgeworfen hat, sondern eine Philosophie vom Range der Auseinandersetzung mit der realen Natur.

Weit wichtiger als diese nur historische, Schelling-immanente Problematik ist ein Aspekt, der die Grundzüge von Schellings Naturkonzept betrifft und in der modernen Auseinandersetzung mit dem Naturbegriff unserer Zeit eine Rolle spielt. Es handelt sich um die Kontroverse von Organizismus und Mechanismus. Auch wenn das moderne Konzept nicht einheitlich ist und schwankt, so dominieren doch folgende Züge:

1. Grundlegend für die moderne Naturauffassung ist eine radikale Subjekt-Objekt-Spaltung, die das Objekt im Sinne der ursprünglichen Bedeutung dieses Wortes – *obicere* meint „sich gegenüber aufstellen", „vor sich hinstellen" – als das Andere, Fremde, Veräußerlichte nimmt. 2. Diese Veräußerlichung rechtfertigt im ethischen Sinne die Verfügbarkeit, die Manipulierbarkeit und Dirigierbarkeit des Objekts und setzt anstelle des Orientierungswissens, um einen Ausdruck von Jürgen Mittelstraß zu gebrauchen, das Verfügungswissen. 3. Das manipulierte Objekt ist nicht mehr das natürliche, in die Umwelt integrierte, sondern ein aus der Umwelt herauspräpariertes, experimentell hergerichtetes und artifiziell gestelltes Objekt, das Heidegger „Gestell" genannt hat, an dem nur noch bestimmte, vorzüglich quantifizierbare Eigenschaften interessieren. 4. Auf dieses Objekt lässt sich die Maschinenmetapher anwenden, die die Natur als eine hochkomplizier-

56 Schelling: Werke, Bd. 4, S. 85.

te und hochkomplexe Maschine betrachtet, bestehend aus isolierten oder isolierbaren selbständigen Teilen, die nachträglich zusammengesetzt und in Bewegung gehalten werden. 5. Die zusammengesetzten Teile selbst sind inert, d.h. träge und bedürfen eines äußeren Anstoßes zur Bewegung.

Dieses Weltbild erlaubt zwar die Erklärung rein physikalischer Gesetze, nicht aber die von Leben und Organizität. Seine Hauptcrux besteht darin, dass sein Charakter jede ursprüngliche Einheitsbildung und jeden Gesamtzusammenhang verhindert, sowohl was die Teile untereinander wie auch das Verhältnis des Menschen zur Natur betrifft. Goethe hat dies prägnant im *Faust* in den Mephistopheles-Versen zum Ausdruck gebracht:

> „Wer will was Lebendiges erkennen und beschreiben,
> Sucht erst den Geist heraus zu treiben,
> Dann hat er die Teile in seiner Hand,
> Fehlt leider ! nur das geistige Band."[57]

Dieses geistige Band, diese Einheit und Ganzheit sucht man hingegen in den holistisch-spekulativen Theorien des Idealismus, die an die Stelle der Spaltung und Entzweiung einen einheitlichen, begriffstheoretisch formulierbaren Zusammenhang setzen, an die Stelle der experimentellen Artifizialität die Natürlichkeit, an die Stelle der Starre und Inertheit der isolierten Teile die Lebendigkeit des organischen Ganzen. Dem Ganzen wird Priorität vor den Teilen eingeräumt statt wie bisher den Teilen vor dem Ganzen – die Gestalttheorie spricht hier von „Übersummation". Die Organismusvorstellung erhält Vorrang vor der Maschinenvorstellung; an die Stelle der äußeren Bewegung tritt die innere Bewegung und Dynamik, an die Stelle des Verfügungswissens die Allianz mit der Natur. Ob sich diese Heils- und Versöhnungserwartungen von Seiten der spekulativen Philosophie erfüllen, bleibt zu sehen.

Im Blick auf diese Fragen lässt sich Schellings Naturphilosophie in zehn Punkten zusammenfassen und erläutern:

1. Schellings Vorstellung von der Natur im einzelnen wie im Ganzen ist eine organische. Im *System der gesamten Philosophie und der Naturphilosophie insbesondere* (1804) nennt er das Weltsystem ein „ewig lebendes Allthier"[58] und im Ersten *Entwurf eines Systems der Naturphilosophie* (1799) die Teile des Systems „das zusammengezogene verkleinerte Bild des allgemeinen

57 Vers 1936 ff, in: Johann Wolfgang Goethe: *Werke* (Hamburger Ausgabe), Hamburg 1949, 6. Aufl. 1962, Bd. 3, S. 63.

58 Schelling: Werke, Bd. 6, S. 481.

Organismus“[59]. Mit dieser Vorstellung knüpft er an eine alte Tradition an, die sich bereits in der griechischen Antike findet, so in Platons *Timaios*[60], wo der Kosmos als ζῷον beschrieben wird, d.h. als Lebewesen bzw. Lebendiges, das alles Lebendige umfasst. Diese Vorstellung kehrt in der Renaissance wieder, ebenso bei Leibniz in der *Monadologie*, denn auch die Monaden sind belebte, beseelte Einheiten, im Grunde Bewusstseinseinheiten. Wie Schelling einerseits an die Tradition anknüpft, so hat er andererseits bis in die Moderne weitergewirkt; denn dass nicht erst lebendige Organismen die Symptome der Organizität tragen, sondern bereits präbiotische Systeme auf niederer molekularer Stufe organische Eigenschaften wie Selektion und Evolution in der chemischen Reaktionskinetik erkennen lassen, ist die These von Manfred Eigen, für die er den Nobelpreis erhalten hat.[61]

Mit der Verwendung der Organismusmetapher zur Beschreibung der Natur bezieht Schelling Opposition zur klassisch-newtonischen Mechanik, die mittels der Maschinenvorstellung die Natur zu fassen sucht. Wenn für die letztere die Erklärung der Entstehung des Organischen aus Anorganischem das größte Problem darstellt, da es im Grunde innerhalb der physikalischen Gesetzmäßigkeiten keinen Platz zur Erklärung des Organischen gibt, so bereitet umgekehrt für Schelling die Entstehung des Anorganischen, des Festen, Starren, Toten aus Organischem die größte Schwierigkeit, da innerhalb seiner Konzeption die Differenz zwischen Organischem und Anorganischem entfällt. Die anorganische Natur ist für ihn „nur eine schlafende Thier- und Pflanzenwelt“[62].

2. Mit der Vorstellung von Organizität verbindet sich Leben, Bewegung, Veränderung. So beschreibt Schelling im Anschluss an die aristotelische Vorstellung der *natura naturans* (im Unterschied zur *natura naturata*) die Natur als eine in sich belebte, bewegte und sich verändernde. An die Stelle der Substanzmetaphysik mit der Annahme fester, invarianter Substanzen, denen von außen Bewegung zugeführt werden muss, tritt bei ihm eine dynamische Theorie mit innerer Bewegung, ähnlich wie in der Gegenwart Ilya Prigogine die Theorie des Seins durch eine Theorie des Werdens ersetzt hat. Eine solche Vorstellung entspricht besser der ursprünglichen Auffassung von Natur, die auf das lateinische Verb *nasci* zurückgeht, welches „geboren werden“, „erzeugt werden“, „entstehen“ bedeutet. Das zeigt sich noch

59 Schelling, Werke, Bd. 3, S.198.

60 Platon: *Timaios* 30 b ff.

61 Vgl. Manfred Eigen und Peter Schuster: *The Hypercycle.* A Principle of Natural Self-Organization, Berlin, Heidelberg, New York 1979.

62 *Schelling* Werke, Bd. 6, S. *380* (System der gesamten Philosophie und der Naturphilosophie insbesondere)

deutlicher an dem griechischen Terminus φύσις, der vom Verbalstamm (φυ, φύειν, φύεσθαι) abgeleitet ist und das Werden, Wachsen und Gedeihen im pflanzlichen Bereich bedeutet. An der ersten Stelle seines Auftretens in der europäischen Literaturgeschichte, in Homers *Odyssee* (X, 303), erklärt der Götterbote Hermes Odysseus auf dessen Weg zur Zauberin Kirke die Natur des Wunderkrautes moly, die Natur (φύσις) seiner pechschwarzen Wurzeln und schneeweißen Blüten. Φύσις versteht sich hier noch ganz aus ihrem Wirkungszusammenhang heraus, in welchem die genannten Eigenschaften nicht feste, starre Charaktere, sondern gewordene, gewirkte und selbst wirkende sind.

3. Leben, Bewegung, Veränderung als Gesamtphänomen weist auf eine ursprüngliche Produktivität als Ursache und Grundlage der Natur. Da es nur eine einzige, allumfassende Natur gibt, muss auch die Produktivität eine einzige, unendliche, unerschöpfliche sein. Mit dieser Produktivitätstheorie der Natur schließt Schelling an dynamische Theorien an, wie sie u.a. in Leibniz' *vis*-Vorstellung oder in Kants dynamischer, nicht atomistischer Materietheorie vorliegen.

4. Für Schelling stellt sich das Problem, wie aus dieser unendlichen Produktivität endliche, beschränkte Produkte hervorgehen sollen, wie sie in der Natur begegnen. Wie kann sich eine unendliche Produktivität verendlichen und in endlichen Produkten verfestigen? Rein für sich genommen könnte eine unendliche Produktivität (Aktivität, Tätigkeit) der Gefahr erliegen, sich im Unendlichen zu verlieren. Eine Begrenzung derselben kann daher nur durch eine Hemmung erfolgen, allerdings nicht durch eine von außen kommende, da es ein Außen zu der einen, ganzen Natur nicht gibt und solches auch nicht erkannt werden könnte. Die Hemmung muss also eine interne sein, und sie kann nur durch Spaltung der ursprünglichen Dynamik in Kraft und Gegenkraft erklärt werden, aus deren Wiedervereinigung die begrenzten, beschränkten Produkte resultieren.

Damit Kraft und Gegenkraft sich nicht definitiv neutralisieren und absoluten Stillstand bewirken, ist an der These der absoluten Produktivität der Natur festzuhalten. Von hier zeigt sich, dass der erreichte Gleichgewichtszustand nur ein vorläufiger, labiler ist, der jederzeit aufgehoben werden und in neue Gestalten überführt werden kann.

> „Es ist schlechterdings kein Bestehen eines Produkts denkbar, ohne ein beständiges Reproducirtwerden. Das Produkt muß gedacht werden als in jedem Moment vernichtet, und in jedem Moment neu reproducirt. Wir sehen nicht eigent-

> lich das Bestehen des Produkts, sondern nur das beständige Reproducirtwerden."[63]

Zur Demonstration verwendet Schelling das eindrucksvolle Bild eines Stromes, auf dessen Oberfläche sich durch Bewegung und Gegenbewegung rotierende Wirbel bilden, vergleichbar den scheinbar beharrlichen Objekten. Wie der kontinuierliche Strom durch alle Wirbel hindurchgeht und sich in keinem erschöpft, so geht auch die unendliche Produktivität der Natur durch alle relativen, scheinbar festen, begrenzten Objekte hindurch, ohne sich in ihnen zu erschöpfen. Die Natur stellt einen Gestaltungsprozess mit immer neuen ineinander übergehenden Gestalten dar.

5. Schelling denkt dabei nicht an einen gleichförmigen Prozess, der in der ständigen Wiederkehr des Gleichen besteht, sondern an einen Prozess der Höherentwicklung von einfachen, unkomplizierten Formen zu immer komplizierteren und komplexeren. Sein Grundschema besteht in der Trias von Materie, Leben (Organizität) und Geist (Bewusstsein), wofür auch andere Begriffe wie Mechanismus, Chemismus und Organizität eintreten können. Die Bezeichnungen schwanken in den verschiedenen Darstellungen.

6. Den gesamten Gestaltungsprozess der Natur von der bewusstlosen Materie bis zum selbstbewussten Menschen versucht Schelling in der Einleitung zu dem *Entwurf eines Systems der Naturphilosophie* (1799) über folgende Stufen zu skizzieren: Auf der ersten, der sogenannten ersten Potenz, kommt es aufgrund des Zusammenwirkens der ursprünglich polaren Kräfte von Expansion und Attraktion zur Materiebildung, deren äußeres Indiz die Schwere ist. Unter der Dominanz dieser Schwere bildet sich das System der Himmelskörper, die untereinander und miteinander gravitierende Systeme ausmachen und sich in einem unaufhörlichen Veränderungsprozess befinden. Auf der zweiten Stufe, der sogenannten zweiten Potenz, bricht Licht, das quasi ideelle Moment, aus der Materie hervor, das auf der materiellen Stufe noch gebunden war. Es durchzieht die Materie mit magnetischen, elektrischen und chemischen Wechselwirkungen und unterwirft sie dynamischen Verbindungs- und Sonderungsprozessen, die selbst ins Unendliche fortwirken. Auf der dritten Stufe oder der sogenannten dritten Potenz schließen sich Materie und Licht zum sich selbst reproduzierenden und steuernden Organismus zusammen, der seinerseits einen evolutionären Prozess der Gestaltbildung durchmacht, einen Prozess immer selbständiger werdender Individualformen, bis der gesamte Naturprozess durchbrochen wird vom

63 Schelling: Werke, Bd. 3, S. 288 f. (*Einleitung zu dem Entwurf eines Systems der Naturphilosophie*).

Bewusstsein, dem Prinzip der Erkenntnis, der freien Handlung und schöpferischen Gestaltung, mit dem eine neue Prozessreihe beginnt, nämlich die menschliche Geschichte.

7. Wenn Schellings Natursystem bisher von der materiellen dynamischen Seite betrachtet wurde, so zeigt die Herausarbeitung der ideellen Seite die Konstruktionsprinzipien, die eine organische Natur strukturieren. Schelling hat es als die schwierigste Aufgabe bezeichnet, den Naturorganismus auf adäquate Begriffe zu bringen, quasi eine „Logik des Lebens" zu formulieren, um einen Ausdruck von François Jacob zu benutzen,[64] oder eine „Logik des Naturverständnisses", wie Hermann Krings sich ausgedrückt hat.[65] Hier geht es um den Entwurf eines Strukturmodells der organischen Natur einschließlich seiner systemischen Strukturierungsprinzipien.

Um die Organismusvorstellung, die sowohl im allgemeinen Bewusstsein wie in dem Schellings mit der Vorstellung von Selbstproduktion, Selbstregeneration und Selbsterhalt verbunden ist, auf die Natur im ganzen anwenden zu können, muss diese als *causa sui* vorgestellt werden, als etwas, das Grund und Folge seiner selbst ist, Produktion wie Produkt, Subjekt wie Objekt, mit anderen Worten als Einheit, die sich selbst teilt und über die Geteilten wieder mit sich zusammengeht.

Die Verwendung der *causa sui*-Metapher, die aus der spinozistischen Philosophie stammt und dort Gott bzw. die Natur bezeichnet, fungiert auch hier als Indiz für den Absolutheitsstatus der Natur, so dass es nicht verwundert, wenn Schelling die Natur auf der Basis der Gottesidee rekonstruiert, und zwar als einen Prozess der Selbstwerdung Gottes, der vom Unvollkommeneren, der bewusstlosen Natur, zum Vollkommeneren, dem selbstbewussten Geist, voranschreitet. Das steht im Widerspruch zur traditionellen christlichen Lehre von Gott und Schöpfung; für den Idealismus aber ist dieser Widerspruch konstitutiv, nicht nur für Schelling, auch für Hegel. Der aufgezeigte Weg ist der von der an sich seienden, bewusstlosen Alleinheit zu der an und für sich seienden, sich ihrer selbst bewussten.

8. Da den Vorgängen der Selbstproduktion, Selbsterhaltung und Selbstreproduktion systemtheoretisch der Gedanke der Selbstreferenz zugrunde liegt, der auch zur Anknüpfung moderner Selbstorganisationstheorien an Schelling geführt hat, und da Selbstreferenz als Beziehung eines auf sich selbst nur konstruierbar ist über die dialektische Trias von Thesis, Antithesis

64 François Jacob: *Die Logik des Lebenden*, Frankfurt a. M. 1972.

65 Vgl. Wilhelm G. Jacobs: *Das Weltbild der modernen Naturwissenschaften und die Schellingsche Naturphilosophie,* in: *Existentia*, Budapest, Bd.9 (1999), Fasc. 1-4, S. 77-90, bes. S. 85.

und Synthesis, tauchen die Begriffe von Einheit, interner Duplizität und Einheit mit Einschluss der Duplizität oder von Identität, Differenz und Identität aus Identität und Differenz auch hier auf, wobei den Ausgang stets eine anfängliche Einheit bildet, auf die eine Aufspaltung in differente, polare Begriffe folgt, an die sich die Wiederherstellung der Einheit auf der Basis des Vorangehenden anschließt. Die dritte, synthetische Stufe fungiert dann wieder als Ausgang eines neuen Prozesses. Da die dritte Stufe in Schellings System nicht einfach Wiederherstellung der ursprünglichen Einheit, sondern wegen der Höherentwicklung Herstellung auf einer höheren Ebene ist und für das Zustandekommen der höheren Ebene ein spezielles Konstruktionsprinzip erforderlich ist, benennt Schelling es mit einem von Adam Carl August Eschenmayer stammenden Ausdruck „Potenz".

9. Dieses Prinzip knüpft gleicherweise an dynamische wie an mathematische Vorstellungen an, an die ersteren insofern, als Potenz „Kraft", „Vermögen", „Fähigkeit" bedeutet und sich damit in Schellings Kräftelehre einfügt, an die letzteren insofern, als Potenz in der Mathematik das Resultat einer Selbstanwendung von Größen bezeichnet, das jedoch nicht auf einem kontinuierlichen Quantitätszuwachs beruht, sondern auf diskontinuierlichen Sprüngen, mit denen qualitative Differenzen einhergehen. Angewandt auf den Naturprozess, bedeutet erste, zweite, dritte Potenz usw., dass im Ausgang von der Kausalität die Selbstanwendung linearer Kausalketten zur Wechselbeziehung führt, deren Selbstanwendung zu in sich geschlossenen Wirkungskreisen, den reproduktiven Zyklen, und deren Selbstanwendung hinwiederum zu einer ständig sich steigernden Progression selbstreferentieller Reproduktionszyklen.

10. Wie sich gezeigt hat, stellt der Organismusbegriff einen wohldefinierten Begriff dar, der auf einem wohldefinierten Plan beruht im Gegensatz zum Aggregatsbegriff, mit dem eine willkürliche, planlose Ansammlung von Instanzen gemeint ist. In der *Kritik der reinen Vernunft* ebenso wie in der *Kritik der Urteilskraft* hatte Kant versucht, den Organismusbegriff, wie er in den natürlichen Organismen allgegenwärtig ist, in Analogie zu Kunstprodukten zu definieren. Wie diese einen Plan a priori voraussetzen, der den Umfang des Ganzen, die Stellung und das Verhältnis der Teile zueinander bestimmt, so dass jeder Teil für den anderen wechselseitig als Mittel und Zweck fungiert, so lässt sich auch der Naturorganismus nur in Bezug auf einen vorgängigen Plan verständlich machen. Das Verständnis der Naturorganizität setzt mithin ein Subjekt und einen diesem inhärenten Plan voraus, auch wenn dieser wie bei Kant nicht konstitutiv, sondern regulativ ist, d.h. ein Prinzip der Naturbetrachtung und Naturreflexion ausmacht.

Schelling geht darüber hinaus, geriete er doch sonst mit seiner Maxime, alles aus der Natur selbst und nicht aus einem externen Prinzip wie dem Subjekt erklären zu wollen, in Widerspruch mit sich selbst. Das Organisationsprinzip, das nur einem bewussten Subjekt verständlich werden kann, wird von ihm in die Natur selbst hineingelegt, offensichtlich als zunächst bewusstloses, bis es in der selbstbewussten Intelligenz zur Selbstaufklärung gelangt. Natur und Geist sind demnach ein und dasselbe, so dass Schelling die Natur den sichtbaren Geist und den Geist die unsichtbare Natur nennen kann.[66]

Doch bedeutet diese Verlegung der Intelligenz in die Natur und ihre Selbstentfaltung eine Evolution der Intelligenz aus der Natur im heutigen Verständnis; bedeutet sie den Naturprozess des Geistes? Diese Frage bedarf der Klärung. Mit ihr muss zugleich die eingangs gestellte Behauptung der Aktualität Schellings für die Moderne entschieden werden. 1. Lässt sich die moderne Theorie der realen Selbstorganisation der Materie einschließlich der zeitlich verstandenen Evolutionstheorie wirklich auf Schellings naturphilosophische Spekulationen als Vorläufer zurückführen? 2. Wie ist das Verhältnis zwischen exakter Naturwissenschaft und spekulativer Naturphilosophie zu denken?

Was den ersten Problemkomplex betrifft, so ist in der Tat in Schellings Werk durchgehend von Entwicklung, dynamischem Prozess, dynamischer Stufenfolge u.ä. die Rede, jedoch rekurriert Schelling damit auf das zu seiner Zeit in der Biologie dominante traditionelle *scala naturae*-Konzept, das gemäß den Prinzipien der Komplexität und Perfektion in aufsteigender Richtung eine Stufung von einfachen Organisationsformen bis hin zu den höchsten vorsah: vom Stein bis zum Menschen. Diesem *ordo naturae*-System lag die alte christlich-theologische Seinshierarchie mit Gott als *ens creator* und der Schöpfung als *ens creatum* sowie dem Menschen als Zweck der Schöpfung zugrunde, ohne dass jedoch die Stufen in rationaler Weise plausibilisiert worden wären. Daran änderte im Grunde auch Leibniz' Lösungsvorschlag in der *Monadologie* nichts, dem zufolge sich der hierarchische Aufbau über zunehmende Bewusstseinsgrade erklärt, indem jede Monade, angefangen von den niedersten, rudimentärsten, den schlafenden Monaden in der Materie bis hin zu den höchsten, den selbstbewussten im Menschen und sogar noch darüber hinaus in übermenschlichen Wesen, Perzeption, d.h. Wahrnehmung, allgemeiner Bewusstsein aufweist, und dies in zunehmendem Grade vom quasi unbewussten Bewusstsein bis zum Selbstbewusstsein, der Apperzeption.

66 Vgl. Reinhard Heckmann, Hermann Krings, Rudolf W. Meyer (Hrsg.): *Natur und Subjektivität.* Zur Auseinandersetzung mit der Naturphilosophie des jungen Schelling. Referate, Voten und Protokolle der II. Internationalen Schelling-Tagung, Zürich 1983, Stuttgart-Bad Cannstatt 1985.

Hier nun setzt Schelling ein, indem er unter der Prämisse einer natürlichen durchgängigen Produktionskraft mittels begriffstheoretischer Konstruktionsprinzipien wie des dialektischen Prinzips von Einheit, Duplizität und Synthesis aus Einheit und Duplizität und des mathematischen der Potenz verschiedene aufsteigende Stufen konstruiert. Wenn Leibniz noch ein geistiges Prinzip, die *apperceptio*, als Träger der Konstruktion unterstellt hatte, so geht Schelling von einem natürlichen, realen aus, der kontinuierlichen Produktivität, in die er die begriffstheoretischen Konstruktionen einzeichnet. Von einem zeitlichen, diachronen Evolutionsprozess im Sinne der heutigen Ontogenese und Phylogenese, der Lehre der realen Abstammung der momentan vorfindlichen Klassen und Arten aus früheren Formen, ist nirgends die Rede, vielmehr ist ein nicht zeitlicher, ideeller Rekonstruktionsprozess eines immer schon vorliegenden Natursystems gemeint, bei dem es lediglich um die methodologische, begriffstheoretische Aufklärung geht. Ausdrücklich schließt Schelling einen chronologisch-genetischen Prozess aus. So sagt er in Bezug auf die Materie in der *Allgemeinen Deduktion des dynamischen Prozesses* (1800):

> „Wir unterschieden in der Construktion der Materie verschiedene Momente, die wir sie durchlaufen ließen, ohne daß wir es bis jetzt nöthig gefunden hätten, ausdrücklich zu erinnern, daß diese Unterscheidung nur zum Beruf der Speculation gemacht werde, daß man sich nicht vorstellen müsse, die Natur durchlaufe jene Momente etwa wirklich, in der Zeit, sondern nur, sie seyen dynamisch [...] in ihr gegründet. In der Natur selbst freilich ist eins und ungetrennt, was zum Beruf der Speculation getrennt wird [...]“[67]

Und im *System der gesamten Philosophie und der Naturphilosophie insbesondere* (1804) heißt es:

> „Wir behaupten nicht einen zeitlichen, sondern einen ewigen Ursprung oder vielmehr ein ewiges Daseyn des Organischen und des Lebens. Noch immer unvollkommen entwickelt zeigt uns der einzelne Organismus jenes Leben, jene Unendlichkeit, die das Wesen, das Ansich aller Materie ist. Ist nun das Organische überhaupt nichts zeitlich Entstandenes, so noch weniger aus dem Unorganischen.“[68]

67 Schelling: Werke, Bd. 4, S. 25.

68 Schelling: Werke, Bd. 6, S. 389.

Hinzu kommt, dass zur Zeit Schellings zur Erklärung eines zeitlichen Entwicklungsprozesses in der Biologie nur zwei Theorien zur Verfügung standen, die Schelling jedoch beide ablehnt: zum einen die mechanistische Präformationstheorie, zum anderen die vitalistische Teleologie. Von ihnen nahm die erstere *in nuce* das aktuelle Vorhandensein aller später zu explizierenden Organisationsformen an, die auf rein mechanistische Weise expliziert wurden. Die zweite ging von einer in den Organismen vorliegenden und wirksamen, auf einen Endzweck gerichteten Kraft und deren sukzessiver Realisation aus. Beide lehnt Schelling ab. Allenfalls gestattet er, ähnlich wie Kant, eine zwecktheoretische Reflexion, d.h. eine formale Zweckmäßigkeit, nicht einen inneren materialen Naturzweck. Erstere lässt sich am besten mit einem Ausdruck Jacques Monods als „Teleonomie" von der „Teleologie" unterscheiden.[69]

Hätte Schelling tatsächlich eine realhistorische Ableitung aller Organisationsformen aus dem Anorganischen angenommen, d.h. des Bewusstseins aus dem Nichtbewusstsein, so hätte er sich wie alle Evolutionstheoretiker dem Vorwurf einer Zirkelargumentation ausgesetzt, indem er Intelligenz aus Natur, Natur hinwiederum aus Intelligenz hätte erklären müssen. Damit hätte er sich einer *petitio principii* schuldig gemacht, bei der das, was erklärt werden soll, nämlich die Entstehung der Intelligenz, in der Erklärung bereits in Anspruch genommen wird.

Allerdings muss man konzedieren, dass Schellings Theorie vom Ansatz her ambivalent ist, da er ein reales Prinzip, die unendliche, kontinuierliche Naturproduktivität, unterstellt bei gleichzeitiger Anwendung idealistischer Konstruktionsprinzipien, worin die gegenwärtige Selbstorganisations- und Evolutionstheorie einen konkreten Anknüpfungspunkt finden konnte. Etliche Interpreten halten Schellings Theorie daher für „schwankend", „unpräzise und mehrdeutig"[70]. Es mag sein, dass Schelling bei der Abwägung idealistischer und realistischer Prinzipien immer wieder zu einem realistischen Ansatz mit der Annahme eines Realprinzips tendierte, was den Anschein einer Realgenese der Intelligenz aus der bewusstlosen Natur erweckte, gleichwohl hielt er an den idealistischen Konstruktionsprinzipien fest.

Das zweite grundsätzliche Problem betrifft das Verhältnis von exakter Naturwissenschaft zu spekulativer Naturphilosophie. Lässt sich die Er-

69 Jacques Monod: *Zufall und Notwendigkeit.* Philosophische Fragen der modernen Biologie, München 1971, S. 22 f.

70 Vgl. Reinhard Heckmann: *Natur - Geist - Identität.* Die Aktualität von Schellings Naturphilosophie im Hinblick auf das moderne evolutionäre Weltbild, in: Reinhard Heckmann, Hermann Krings, Rudolf W. Meyer (Hrsg.): *Natur und Subjektivität,* a.a.O., S. 291-344, bes. S. 338 Anm. 108; Camilla Warnke: Warnke: *„Der stete und feste Gang der Natur zur Organisation",* in: Karen Gloy und Paul Burger (Hrsg.): *Die Naturphilosophie im Deutschen Idealismus*, Stuttgart-Bad Cannstatt 1993, S. 116-148, bes. S. 145.

wartung und Hoffnung der exakten mathematischen Naturwissenschaften einschließlich der empirischen Forschung erfüllen, für ihre isolierten analytischen Ergebnisse seitens der Naturspekulation einen holistischen Gesamtentwurf geliefert zu bekommen, in den alle Ergebnisse integrierbar sind? Die Beantwortung dieser Frage setzt die Diskussion der grundsätzlich möglichen und denkbaren Verhältnisse von Naturwissenschaft und Naturphilosophie voraus:

Einer ersten Möglichkeit zufolge ließe sich der begriffstheoretische spekulative Rahmen völlig unabhängig von den Daten der empirischen Forschung und den objektiven Ergebnissen der mathematischen Naturwissenschaften entwickeln. Der begriffliche Zusammenhang könnte als ein in sich konsistenter und kohärenter angenommen werden, ohne die Empirie zu berücksichtigen. Sollten im begriffslogischen Kontext Begriffe der empirischen Physik auftauchten, wie Magnetismus, Elektrizität, Galvanismus, Schwere, Licht usw., so hätten sie keine andere Bedeutung und Funktion als strukturelle Begriffsbestimmungen auch, so dass ihr empirisch-physikalischer Inhalt vernachlässigt werden kann. Die in sich stringente und durchgängige Begriffsexplikation wäre von Seiten der empirischen Forschung und der exakten Naturwissenschaften weder tangierbar noch revidierbar.

Dies ist freilich nicht Schellings Konzept, beharrt er doch im Gegensatz zu Kants Transzendentalismus und Fichtes subjektivem Idealismus auf dem Realitätsprinzip und der Realitätsgebundenheit der begrifflichen Zusammenhänge.

Eine zweite Möglichkeit unterstellt die partiale Angewiesenheit der naturphilosophischen Spekulation auf die empirische Forschung. Beide stünden in einer Wechselbeziehung, welche eine wechselseitige Kritik und Revisionsmöglichkeit einschlösse. Wie der spekulative begriffstheoretische Rahmen als Korrektiv und Direktiv für die naturwissenschaftliche Forschung fungierte, für die Auswahl bestimmter Daten, für die Präferenz bestimmter Abläufe, ebenso für die Entscheidung zwischen konkurrierenden empirischen Modellen und Theorien, so könnte umgekehrt die empirische Forschungslage Rückwirkungen auf die Fassung des begriffstheoretischen Zusammenhangs haben und zu Modifikationen führen.

Auch diesem Vorschlag entspricht Schellings Programm nicht, da Schelling trotz aller Schwankungen und Änderungen in der konkreten Durchführung seines Programms an der Notwendigkeit und Apriorität des Konstruktionszusammenhangs und der Konstruktionsprinzipien festhält und ihre Kontingenz und Veränderlichkeit ausschließt. Das Faktum einer Forschungsgeschichte mit einer nicht nur internen Ausarbeitung des Paradigmas, sondern einer Paradigmensubstitution liegt noch außerhalb von Schellings Gesichtskreis.

Als dritte Möglichkeit böte sich die totale Abhängigkeit des spekulativen Begriffsrahmens von den empirischen Daten an, so dass von diesen aus jederzeit ein Eingreifen in denselben möglich wäre. Der Begriffsrahmen hätte dann lediglich den Status eines Überbaus, der mit dem jeweiligen Stand der Forschung stünde und fiele. Alles, was unter solchen Umständen vom spekulativen Zusammenhang übrigbliebe, wäre das Postulat, zum jeweils aktuellen Stand der Forschung einen umfassenden strukturellen Theorierahmen zu formulieren. Welches dieser wäre, ließe sich nicht voraussagen.

Auch dieses Modell entspricht nicht Schellings Konzept, höbe doch ein totaler Empirismus jede Notwendigkeit und Stringenz des umfassenden strukturellen Theorierahmens auf.

Das Scheitern aller drei Konzepte zeigt, dass es eine Beziehung zwischen spekulativer Naturphilosophie und exakter mathematischer Naturwissenschaft, basierend auf empirischen Daten, nicht gibt. Der Grund liegt in der methodischen Inkompatibilität beider Betrachtungsweisen. Untersuchungsgegenstände der exakten Naturwissenschaften sind nicht die natürlichen Objekte in ihrer Umgebung, sondern die aus ihrer Umwelt gemäß Experimentalbedingungen herauspräparierten, manipulierten Objekte, die der objektivierenden Verstandeserkenntnis zugänglich gemacht sind, Untersuchungsgegenstände der Naturphilosophie hingegen sind die natürlichen Objekte, deren Konstruktion von innen heraus versucht wird und deren Einheitsstiftung über gleichartige Konstruktionsprinzipien auf allen Ebenen erfolgt. Was ihren spekulativen Zusammenhang garantiert, ist das identische Reflexionsverfahren, das sich bei allen Naturphänomenen auf allen Stufen wiederholt. Wie durch den Bezug auf das empirische positive Wissen das abstrakte Strukturmodell interpretiert wird, so wird andererseits die erfahrbare Natur im Lichte der spekulativen Begriffe gedeutet. Schelling verweigert sich nicht der Naturforschung überhaupt, wohl aber der objektivierenden experimentellen Naturwissenschaft, was ähnlich auch für Goethe gilt. Während die eine Richtung die Resultate der empirischen Forschung auf objektivierbare Gegenstandserkenntnis hin interpretiert, die Einzelerkenntnisse in einen Gesetzeszusammenhang auf der Basis verstandeskategorialer und mathematischer Synthesen bringt, was Voraussetzung für die technische Beherrschung und Manipulation der Natur ist, betrachtet die andere Richtung die Phänomene auf ihren internen Zusammenhang hin, der sie als Manifestationen eines einheitlichen Ganzen ausweist. Allerdings bleibt diese Konstruktion, in der die Natur als Einheitszusammenhang auftritt und Natur und Ich eine Allianz bilden, eine ideelle Konstruktion, welche eine moderne Ökologiebewegung nur allzu gern realisiert sähe. Schellings Konzeption bietet keine Lösung für die uns alle bedrängenden Probleme.

15. Hegels Geschichtsphilosophie

Zum Schluss soll noch ein Blick auf Hegels Geschichtskonzeption geworfen und die Komplikationen der Anwendung eines geschlossenen Modells wie des Absoluten auf eine linear fortschreitende historische Zeit sowie die mit der Geschlossenheit einhergehende begriffliche Notwendigkeit auf die kontingenten Fakten der Zeit aufgewiesen werden. Um die daraus resultierenden Widersprüche darzulegen, ist zunächst Hegels Entwurf des Ganzen der Philosophie zu exponieren und sodann die Applikation auf die Zeitstruktur zu zeigen.

Hegels Philosophie ist ähnlich wie die Fichtes und Schellings aus einer Grundschwierigkeit der Kantischen Erkenntnistheorie hervorgegangen, nämlich aus dem Problem der Vermittlung von Erkenntnis und Gegenstand, in Kants Terminologie: von Verstandesformen und Anschauungsmannigfaltigkeit. Wie einerseits ein bloß „einfarbiger Formalismus“[71] nicht zureicht, die Differenz der Gegenstände zu erklären und bei Anwendung desselben auf einen ebenso amorphen Stoff nur die Einförmigkeit und Einerleiheit im Stoff reproduziert, so sperren sich andererseits schon gestaltete Gegenstände gegen die ewig gleiche Form der Erkenntnis. Das Dilemma ist nach Hegel nur zu lösen durch den Ansatz einer Erkenntnisform, die *in sich* die stoffliche Fülle, Pluralität und Diversität enthält und sie in Form einer Selbstexplikation zur Darstellung bringt. Das Prinzip verkörpert so die Einheit aus Form und Stoff, aus Allgemeinheit und Besonderheit, aus Einheit und Vielheit, aus Identität und Differenz. Eine so bestimmte Form ist das Absolute, das nichts mehr außer sich hat, sondern alles umfasst, selbst den Unterschied und Gegensatz, und so die Totalität repräsentiert. Da die Setzung der internen Unterschiede und ihre Wiederaufhebung in der Einheit, also die Selbstbestimmung, nur von einem Subjekt geleistet werden kann, das durch Aktivität und Spontaneität charakterisiert ist, nicht von einer in sich ruhenden Substanz, identifiziert Hegel das Absolute mit dem Subjekt. Das Absolute tritt bei ihm als Geist auf, d.h. als Intellekt.

Da die Selbstdarstellung des Absoluten in Form der Selbstdiremption und Wiedervereinigung der Entzweiten mit sich ein Prozess ist, ist das Absolute essentiell durch Prozessualität charakterisiert. Hegels höchstes Prinzip ist kein statisches, sondern ein dynamisches. Im Unterschied zum bloßen Wechsel jedoch stellt der Prozess einen Fortschritt dar; andererseits ist er durch die Selbstexplikation in Grenzen gehalten. Insofern handelt es sich um keinen unendlichen, grenzenlosen Fortschritt, sondern um einen teleo-

71 Georg Wilhelm Friedrich Hegel: *Vorlesungen über die Philosophie der Geschichte*, in: Hegel: Werke, Bd.3, S. 21.

logisch strukturierten Prozess, der eine Vollendung und ein Ende hat, die mit seiner vollständigen Explikation erreicht werden. Sein Telos ist der Begriff von sich, das Bewusstsein seiner selbst. Obwohl die Wahrheit in Hegelscher Terminologie bereits am Anfang besteht, ist sie anfangs nur erst *an sich*, noch nicht *für sich*; erst am Ende ist sie *an und für sich*. So ist der Prozess des Für-sich-Werdens der Prozess der Bewusstmachung des Absoluten.

Die methodische Form, in der das Zu-sich-Kommen geschieht, ist die Dialektik. Ihr Wesen besteht – simplifiziert gesagt – in der Trias von Thesis, Antithesis und Synthesis. Ausgehend vom undifferenzierten Bei-sich-Sein des Absoluten führt der Weg zur Differenz, zum Anderen und Gegensätzlichen, und von dort zurück zum nunmehr mit dem Anderen vermittelten Ersten. Selbstdifferenzierung und Wiederherstellung der Einheit ist somit die Struktur des Absoluten. Das Gesetz, nach dem dies geschieht, besteht in der Setzung des Gegensatzes von Bewusstsein und Gegenstand und in der Aufhebung desselben, also in Entfremdung und Versöhnung. Das Sich-Verstehen des Geistes erfolgt stets über das Andere, das nicht das gänzlich Andere, sondern das Andere seiner selbst bzw. das Selbst in seiner Andersheit ist und damit die Rückkehr zu sich ermöglicht.

Da nun das Absolute die gesamte Fülle des Stofflichen in sich enthält, müssen die logisch dialektischen Strukturen auf allen Stufen und unter allen Aspekten wiederkehren, wenngleich nach dem jeweiligen inhaltlichen Moment modifiziert. Eine Gesamtprojektion seines Systems hat Hegel in der *Enzyklopädie der Wissenschaften im Grundrisse* vorgelegt. Danach durchläuft der Geist zunächst die Stufen der Seins-, Reflexions- und Begriffslogik, die zur *Wissenschaft der Logik* zusammengefasst und in dem gleichnamigen Werk in extenso expliziert sind. Dann geht er über in das Andere seiner selbst, die Natur, um über die verschiedenen Formen des Mechanischen, Anorganischen und Organischen zum Geistigen zu gelangen. Dies ist Gegenstand der Naturphilosophie. Der zu sich gekommene Geist durchschreitet sodann in der Philosophie des Geistes die Manifestationen des subjektiven, objektiven und schließlich des absoluten Geistes, wobei zu den ersteren die Formationen von Anthropologie, Phänomenologie und Psychologie gehören, zu den zweiten Recht, Sittlichkeit und Moral, zu den letzteren Kunst, Religion und Philosophie, die den Abschluss bilden. Am Ende der Gestalten des objektiven Geistes hat die Weltgeschichte ihren systematischen Ort, deren Thematik in der *Philosophie der Geschichte* eine ausführliche und eigene Behandlung erfährt.

Mit diesem Prozess fällt zusammen der Freiheitsprozess, denn da die Selbstverwirklichung des Geistes im Durchgang durch Anderes, Fremdes und als Selbstvermittlung mit diesem Anderen, Fremden geschieht, ist die

Wiedergewinnung des Bei-sich-Seins zugleich Gewinnung der Freiheit, der Unabhängigkeit vom Anderen.

Diese systematische Verortung gestattet wesentliche Aufschlüsse über die Verfassung der Geschichte. Eigentlich und unabhängig von Hegel wäre die Anwendung eines geschlossenen Systems wie das des Absoluten auf die fortlaufende geschichtliche Zeit mit ihren Kontingenzen, Imponderabilien und Unvorhersehbarkeiten, die in Offenheit münden, ein Widerspruch, der die Inkompatibilität eines geschlossenen Modells mit einem linear offenen dokumentierte. Hegels Argument geht jedoch in eine andere Richtung.

Im Unterschied zu Naturprozessen ist die Weltgeschichte für Hegel keine bewusstlose Abfolge von Ereignissen, sondern ein bewusster Prozess, der in der philosophischen Betrachtung zur Verständigung über sich gelangt. Damit hängt ein bestimmtes Geschichtsverständnis zusammen, das einen Prozess als geschichtlichen erst dann akzeptiert, wenn gewisse Bedingungen erfüllt sind. Hegel nennt zwei solcher: *res gestae* und *historia rerum gestarum*, Geschehen und Geschichtsschreibung. Als objektive und subjektive Seite gehören sie zusammen. Zum einen verlangt Geschichte objektive Staatenbildung mit Gesetzen, Geboten, allgemeinen Bestimmungen und Richtlinien, zum anderen eine Geschichtsschreibung und mit ihr ein Traditionsbewusstsein zum Zwecke der Kontinuierung und Perennierung von Staaten. Völker, die diese Bedingungen nicht erfüllen, zählen, selbst wenn sie Völkerwanderungen, Revolutionen und gravierende Veränderungen durchgemacht haben, nicht zu den geschichtlichen, sondern gehören zur bloßen Vor- und Nachgeschichte. Ist Geschichte das Dasein des Weltgeistes in der Dimension von Staatsgebilden und deren zeitlicher Entwicklung, so müssen sich alle aufgewiesenen logischen, vernünftigen Strukturen in dieser Dimension wiederfinden. Der Verlauf der Geschichte spiegelt die logische Struktur und Entwicklung des Begriffs im Medium des Zeitlichen wider. Das ist eine ganz spezifische, eigenwillige Geschichtsphilosophie, die dem Motto folgt: Wer die Geschichte vernünftig ansieht, den sieht auch sie vernünftig an.

Bei der Durchmusterung der diversen Typen von Geschichtsinterpretation zu Beginn seiner *Vorlesungen über die Philosophie der Geschichte* hat Hegel selbst konzediert, dass jede Geschichtsschreibung, insbesondere die philosophische, von bestimmten Prinzipien geleitet wird, weil sie zugleich Geschichtsdeutung ist. Auch eine noch so unvoreingenommene, scheinbar rein rezeptive, an bloßen Fakten orientierte Geschichtsschreibung erfolgt stets von einer bestimmten Warte aus, unter bestimmten Kategorien, die nur deshalb von der Geschichte bestätigt werden, weil sie zuvor hineingelegt wurden. Jeder Historiker, ob der geniale oder der mittelmäßige, ist mit seinem Geist beteiligt. Hegel sagt: „Wer die Welt vernünftig ansieht, den sieht sie auch vernünftig an"[72], und man könnte hinzufügen: Wer sie unvernünftig ansieht, den sieht auch sie unvernünftig an. Dies hängt damit zusammen, dass Geschichte ein geistiger Prozess ist, in dem es um die Selbstverständigung des Subjekts geht. So konnte Hegel selbst auch dem Vorwurf der Konstruktion nicht entgehen, und wenn er meinte, nur anfangs im Status einer Hypothese seine Interpretationsmaxime zugrunde gelegt zu haben, während sie in der Darstellung durch den Geschichtsverlauf selbst erwiesen werde, so erlag er einem Irrtum; denn das Verfahren ist seiner Natur nach redundant.

Das Konstruktionsprinzip, das Hegels Geschichtsphilosophie leitet, ist das der Vernunft.

> „Der einzige Gedanke, den die Philosophie mitbringt, ist aber der einfache Gedanke der *Vernunft*, daß die Vernunft die Welt beherrsche, daß es also auch in der Weltgeschichte vernünftig zugegangen sei."[73]

Da die Weltgeschichte den notwendigen Gang des Weltgeistes darstellt, liegt es nahe, dass sie auch von Vernunft regiert wird.

Mit dieser These erweist sich Hegel als Kind seiner Zeit, der Aufklärung, die von der Herrschaft der Vernunft überzeugt war und in der französischen Revolution Freiheit, Gleichheit, Brüderlichkeit zu ihrer Parole erhob. Historisch gesehen reicht diese Überzeugung weit in die Geschichte zurück bis auf Anaxagoras. Seinem Nous-Prinzip war Platon nicht weniger als Aristoteles verpflichtet. Ein theologisches Pendant zu dieser Vernunftthese findet sich in der christlichen Religion im Glauben an eine göttliche Vorsehung. Nichts in der Welt ist dem Zufall und Ungefähr überlassen, alles geschieht nach einem weisen, vernünftigen Plan, auch wenn dieser dem Menschen verschlossen bleibt. In der Neuzeit erfuhr diese Auffassung in Leibniz' Theodizee eine Wiederbelebung. Wenn nach Glaubensüberzeugung die göttliche Vorsehung dem Menschen verborgen sein soll, so ist nach Hegels Überzeugung ihre Erkennbarkeit gerade Aufgabe der Philosophie. Denn seiner Meinung nach muss Gott, weil er sich in der Offenbarungsreligion offenbart habe, auch erkennbar und bestimmbar sein. Daher fällt für ihn die These von der Gotteserkenntnis mit seiner Grundüberzeugung von der Rationalität und Logizität der Welt zusammen, der zufolge die Welt totaliter rational erschließbar ist, so dass nichts Verborgenes bleibt. Da der Vernunftgedanke

72 Hegel: Werke, Bd. 12, S. 23.

73 Hegel: Werke, Bd. 12, S.20, vgl. S. 22, 25, 27 u.ö.

das alles beherrschende Prinzip der Hegelschen Philosophie ist, muss von ihm her das Gesamtsystem einschließlich der Geschichte entwickelt werden. Diese Hypothese führt zur folgenden Auffassung von Geschichte:

1. Geschichte ist der zeitliche Prozess der Veränderung von Völken: Völker kommen und gehen, verdrängen einander, nehmen die Stelle der früheren ein, spielen eine Weile die dominante Rolle auf der Bühne des Welttheaters und verschwinden wieder.

2. Anders als Naturvorgänge, die eine ständige Wiederholung des Gleichen sind, ein Kreislauf der Gestalten, das langweilige Spiel der Gleichförmigkeit, stellt die Geschichte einen Fortschritt dar. Sie steht unter dem Prinzip der“*Perfektibilität*“[74] und Teleologie. Hegels These ist, dass es in der Geschichte immer besser und moralischer zugegangen sei.[75] Die Menschen seien in einem Prozess sittlicher Vervollkommnung begriffen, was sich in ihren Rechtsformen, Staatsverfassungen usw. niederschlägt. Der leicht auf der Hand liegende Einwand, dass die Realität eher das Gegenteil beweise, wird von Hegel mit dem Hinweis gekontert, dass es nicht auf die Privatgesinnung, den individuellen Willen und das Handeln des Einzelnen, also auf die Privatmoralität ankomme, sondern auf den generellen Prozess der Moralisierung, der Rechtsnormen und Staatsverfassungen, und in diesem sieht er einen Fortschritt.

3. Allerdings ist der geistige Entwicklungsprozess kein endloser, sondern ein zielgerichteter, der auf die Selbstverwirklichung des Geistes in Selbstgefühl und Selbstverstehen sowie auf das Bewusstsein der Freiheit abzielt. Von dort ist zu verstehen, dass Hegel die Geschichte als „Fortschritt im Bewußtsein der Freiheit“[76] definiert und alle Stufen auf diesem Wege als Manifestationen der Freiheit betrachtet. Der Endzweck des Weltgeistes ist „das Bewusstsein des Geistes von seiner Freiheit und ebendamit die Wirklichkeit seiner Freiheit überhaupt“[77], was gleichbedeutend ist mit dem Bewusstsein des Geistes von sich.

4. Von diesem strahlenden Endzweck der Geschichte fällt ein Licht auch auf die dunklen, tragischen Vorgänge, deren gerade die Geschichte voll ist: auf die Kriege und Schlachten, die Ungerechtigkeiten und Gewalttätigkeiten,

74 Hegel: Werke, Bd. 12, S. 74

75 Vgl. Hegel: Werke, Bd. 12, S. 90.

76 Hegel: Werke, Bd. 12, S. 32.

77 Hegel: Werke, Bd.12, S. 32.

auf das ganze schaurige Gemälde von Schlachtbänken und Trümmerhaufen. Der Theodizeegedanke rechtfertigt das Negative: das Unglück einzelner, den Untergang ganzer blühender Reiche als Mittel auf dem Wege zur Vollkommenheit des Ganzen. Im Kampf von Gut und Böse obsiegt das Gute, während das Böse zu einem Unterworfenen und Untergeordneten wird. Dieses Theodizeedenken ist der Grund, weshalb man angesichts verzweiflungsvoller Untergänge die Frage aufwirft, zu welchem Zweck diese ungeheuren Opfer geschehen, und dennoch die Frage positiv beantworten kann.

5. Die Art und Weise, in der sich die geschichtliche Entwicklung vollzieht, ist kein ruhiges, allmähliches Hervorgehen wie in der organischen Natur, sondern ein dramatischer Kampf. Während die Gebilde der organischen Natur in einem sukzessiven, kampf- und harmlosen Reifungsprozess zur Entfaltung kommen, stellt die Entwicklung des Geistes einen bewegten, harten Kampf gegen sich selbst und seine Verstellungen dar. Dies ist Symptom des dialektischen Prozesses.

Der Prozess geht über Stufen, die denen der Logik entsprechen. Aus der undifferenzierten Versenkung tritt der Geist in seinen Gegensatz hinaus, um sich über diesen wieder mit sich selbst zu versöhnen. Da der Geschichtsprozess speziell als Freiheitsprozess definiert wird, durchläuft er Stufen der Freiheit. Auf das Versunkensein in die Natürlichkeit folgt das Heraustreten des Bewusstseins in die Freiheit, wobei das Losreißen zunächst noch mit Unfreiheit behaftet ist. Die endgültige Erhebung ist die aus der besonderen Freiheit in die allgemeine.

6. Zur Realisierung seiner Absichten bedient sich der Weltgeist als Material und Werkzeug der Leidenschaften der Menschen, ihrer individuellen Charaktere, partikularen Interessen, Bedürfnisse, Neigungen und Eigenwillen, denn diese allein besitzen Macht und Durchsetzungskraft. „Nichts Großes in der Welt", sagt Hegel, geschieht „*ohne Leidenschaft*"[78], niemand lässt sich für allgemeine Zwecke einspannen, wenn er nicht zugleich seine Privatinteressen und selbstsüchtigen Absichten befriedigen kann. Aufgabe ist letztlich die Vermittlung von individuellen Interessen und allgemeinen. Die Gestalt, in der dies geschieht, ist der Staat; in ihm werden die partikularen Interessen zu Trägern der allgemeinen Idee, wie auch umgekehrt diese sich in den partikularen Interessen realisiert. Freilich geschieht dies nicht kampflos, vielmehr bedarf es einer Reihe von Verrichtungen und Erfindungen, bis sich eine gleiche Gesinnung und ein gleiches Bewusstsein vom Zweck des Ganzen herausbildet.

78 Hegel: Werke, Bd. 12, S. 38.

Der Weg dorthin führt über Stadien, deren jedes sein eigentümliches Prinzip hat, das „Volksgeist“[79] heißt, in welchem sich Recht, Sittlichkeit, Moral, Kunst und Wissenschaft eines Volkes ausdrücken. Die großen welthistorischen Individuen und Völker sind solche, die bewusst oder unbewusst zu Repräsentanten von Entwicklungsstadien des Weltgeistes werden, die die Zwecke des Weltgeistes durchzusetzen helfen, indem sie ein neues Stadium realisieren, das dann eine Zeitlang dominiert und seine Gesetze den anderen Völkern vorschreibt. Ihren unbewussten Dienst für das Absolute, die Ausnutzung ihrer Leidenschaften und partikularen Interessen für die allgemeinen Zwecke nennt Hegel die *„List der Vernunft“*[80]. Haben sie ihre Rolle erfüllt, so sterben sie bald dahin, wie Alexander der Große, Cäsar und Napoleon. Völker können zwar noch biologisch weiterexistieren, quasi dahinvegetieren, haben dann aber ihre welthistorische Bedeutung verloren und an andere abgegeben.

Vor diesem generellen philosophiegeschichtlichen Hintergrund lässt sich die spezielle Deutung der konkreten Weltgeschichte im Sinne Hegels verstehen. Da der Fortschritt von Selbstbewusstsein und Freiheit das Telos der Weltgeschichte ist, geben seine Stadien die Einteilung der Geschichte vor. Hegel unterscheidet drei Perioden: 1. die orientalische, die die Freiheit nur eines einzigen kennt, des Despoten, dagegen die Unfreiheit und Knechtschaft aller anderen, 2. die griechisch-römische, die die Freiheit einiger – der Freien – entdeckt, die Unfreiheit anderer – der Sklaven – beibehält, 3. die germanisch-christliche, die die Freiheit aller anerkennt, d.h. die Freiheit des Menschen.

Die Orientalen hatten das Prinzip der Freiheit noch nicht entdeckt. Weil sie es nicht kannten, waren sie auch nicht frei. Befangen im Naturzustand, in Willkür, Dumpfheit und Wildheit, waren sie bar jeder Freiheit. Den Griechen und Römern ging erstmals die Freiheit auf, doch sie realisierten dieselbe noch nicht zureichend, sondern begaben sich ihrer durch die Haltung von Sklaven. Erst die germanischen Stämme sind im Zuge der christlichen Religion zum Bewusstsein der Freiheit erwacht. Was jedoch zunächst Resultat der Religion war, musste von der Philosophie noch eingeholt und in die Welt hineingebildet werden.

In Hegels Einteilung der Weltgeschichte erscheint die germanisch-christliche Welt als letzte nach dem Auftreten der orientalischen, griechischen und römischen Reiche. Sie verkörpert das fortgeschrittenste, ja das vollkommene Stadium, weil es auf dem Gedanken der Freiheit und des Selbstseins basiert. „Die christliche Welt ist die Welt der Vollendung; das Prinzip ist erfüllt,

79 Hegel: Werke, Bd. 12, S. 87.

80 Hegel: Werke, Bd. 12, S. 49.

und damit ist das Ende der Tage voll geworden: die Idee kann im Christentum nichts Unbefriedigtes mehr sehen."[81] Innerhalb der christlichen Periode lassen sich nach dem dialektischen Prinzip weitere Epochen unterscheiden: eine erste, die bis zu Karls des Großen Zeit reicht und das religiöse und weltliche Prinzip noch in ungeschiedener Einheit enthält, lediglich als Aspekte ein und derselben Sache. Ihr folgt eine Epoche der Entzweiung und Entgegensetzung von religiösem und weltlichem Prinzip. Das christliche Prinzip der Freiheit schlägt in sein Gegenteil um, in die weltliche Herrschaft der Kirche, in die härteste Knechtschaft des Glaubens und in die äußerste Trennung von Kirche und Staat. Diese Epoche reicht bis zum Beginn des 15. Jahrhunderts, bis zu Karls V. Zeit. Mit der Reformation beginnt die Neuzeit. Sie ist durch das Erwachen des Bewusstseins der Freiheit charakterisiert, dessen vollständige Realisation allerdings noch Jahrhunderte in Anspruch nehmen wird. Hegel vergleicht diese Perioden mit dem Reich des Vaters – der substantiellen, noch ungeschiedenen Masse –, dem Reich des Sohnes – der Erscheinung Gottes in der Welt als in einem Fremden – und dem Reich des Geistes – der allseitigen Versöhnung.[82] Allerdings befindet sich auch das mit der Reformation und der Französischen Revolution errungene Prinzip der Freiheit noch in einem defizienten Modus, dem der abstrakten, formalen Allgemeinheit, des Formalismus, noch nicht in dem der Konkretheit. Allgemeines und Besonderes, Form und Inhalt, genereller und individueller Wille sind noch zu vermitteln. Es steht zu vermuten, dass Hegel seine Zeit, die konstitutionelle Monarchie des Preußischen Staates, in welcher der Monarch den Allgemeinwillen, mithin das Gemeinwesen repräsentierte und dieser Einzelne von allen akzeptiert wurde, in weltgeschichtlicher Absicht für den Abschluss und die Krönung des Geschichtsverlaufes hielt.[83]

Nachahmer hat die These vom Ende der Geschichte heute in Fukuyama gefunden, nur dass dieser nicht die Verwirklichung von Vernunft und Freiheit als Ende der Geschichte betrachtet, sondern die liberale Demokratie und die Wirtschaftsform des Kapitalismus, die nach dem Zusammenbruch des Sozialismus an dessen Stelle getreten sind. Inzwischen hat Fukujama seine These noch getoppt durch die These vom Ende der Menschheit.

Die Eigenwilligkeit von Hegels dialektischem Geschichtsmodell, seine Deutungskraft und seine Einseitigkeit lassen sich erst durch einen Vergleich mit anderen Geschichtskonzeptionen bemessen. Aus diesem Grunde

81 Hegel: Werke, Bd. 12, S.414.

82 Vgl. Hegel: Werke, Bd. 12, S. 417.

83 Vgl. Karen Gloy: *Hegel und das Ende der Geschichte – und kein Ende*, in: *Hegel-Jahrbuch* (1996), S. 21-32.

sei eine kurze Exposition der verschiedenen Geschichtsmodelle angeschlossen.[84]

Die Grundfrage, vor die sich jede Geschichtsbetrachtung gestellt sieht, ist die, ob die Abfolge dokumentierter menschlicher Verhältnisse politischer, sozialer, ökonomischer, technischer, künstlerischer, wissenschaftlicher Art, die wir für gewöhnlich Geschichte nennen, einen Zusammenhang und eine Ordnung erkennen lässt oder nicht. Handelt es sich um eine wahllose Aufeinanderfolge von Ereignissen mit Kontingenzen, Unwägbarkeiten und Ungewissheiten oder um eine geordnete Folge? Die Antwort muss auf jeden Fall unserem Vorverständnis von Geschichte, d.h. unserer alltäglichen, vorwissenschaftlichen Ansicht entsprechen, da auf ihr die wissenschaftlich exakte Definition basiert.

Während Naturvorgänge – gemeint sind physikalische Prozesse – nach notwendigen allgemeinen und speziellen Gesetzen ablaufen, wobei selbst Abweichungen von der Norm noch Regeln unterworfen sind, stellt die Geschichte den Schauplatz menschlicher Handlungen und Entscheidungen, Pläne und Entwürfe sowie deren Ausführung dar, die sich vielfältig durchkreuzen, die konfligieren und den Ausgang ungewiss machen. Zwar basieren Pläne, Entschlüsse und Ausführungen auf Freiheit und sind auf ein Telos gerichtet, über ihren Ausgang aber entscheidet die Zukunft, die prinzipiell offen und unbestimmt und nicht voraussagbar ist. Freiheit ist lediglich Ermöglichungsgrund von Entschlüssen und Handlungen, über ihre Realisation entscheidet nicht die Freiheit selbst, sondern der Zufall. Außer diesen beiden Merkmalen: der Freiheit zu Alternativen und der Zukunftsoffenheit zeigt sich noch ein drittes konstitutives Merkmal der Geschichte: die Irreversibilität. Im Unterschied zu den reversiblen Naturvorgängen sind die geschichtlichen Prozesse irreversibel. Die geschichtliche Stunde, der Kairos, kommt nur einmal, wird ergriffen oder verfehlt und kehrt niemals wieder. Zwar ist die Geschichte kein Sammelsurium isolierter Fakten, kein Chaos von Situationen und Vorgängen, obwohl sie manchmal so erscheint, und auch ist sie kein vollständig determinierter, invarianter Prozess, der zwingend auf ein Telos zusteuert, sondern ein einsinnig gerichteter, zukunftsorientierter, offener Prozess mit ungewissem Ausgang. Geschichtsphilosophien, die dieser Situation keine Rechnung tragen, sind künstliche Konstruktionen. Dazu gehört Hegels Fortschrittstheorie, nicht weniger deren Gegenteil, die Rückschrittstheorie.

Hegels Konzept gehört in den Kontext von Fortschrittsmodellen, die in verschiedenen Varianten vorkommen. Als Entwicklungsmodelle sind sie

84 Zum Vergleich Hegels mit anderen Geschichtsmodellen vgl. Karen Gloy: *Hegels Geschichtsphilosophie* im *Vergleich mit anderen Geschichtskonzeptionen* in: *Deutsche Zeitschrift für Philosophie*, Ostberlin, Jg. 39, Heft 1 (1991), S. 1-11; dies.: *Vernünftigkeit oder Relativität der Geschichte*, in: academia.edu.2020

orientiert an Wachstums- und Entfaltungsprozessen der organischen Natur. Wie die Entwicklung einer Pflanze aus einem Samen zum voll ausgewachsenen Baum einen allmählichen, schrittweisen Prozess ausmacht, der nicht nur im quantitativen Sinne ein Wachstum, eine Zunahme und Anreicherung bedeutet, sondern auch im qualitativen Sinne eine zunehmende Explikation und Differenzierung ursprünglicher Anlagen, so wird auch die Geschichte als Entfaltung und Ausdifferenzierung von primitiven, einfachen Zuständen in immer komplexere und kompliziertere Gebilde vorgestellt. Vorzugsweise gilt diese Interpretation für die Entstehung und Ausformung von Staaten, Religionen, Kunst und Wissenschaften, Die Naturalisierung der Geschichte hat zur Folge, dass simultane historische Gebilde als organische verstanden werden und sukzessive historische Abläufe als „sich entwickelnde Gestalt", d.h. als Ausformung und Entwicklung ursprünglicher Anlagen.

Nun ist die Entwicklung von Organismen nicht unbegrenzt, sondern auf ein Ziel gerichtet, das den Höhepunkt und die Vollendung des Organismus bildet. Anders die Geschichte, die aufgrund ihrer Zeitkomponente über alle Stufen hinausgeht. Die Aufeinanderfolge geschichtlicher Systeme, die nicht mehr nur deren immanentes Wachstum betrifft, sondern deren externe Ablösung, muss daher anders erklärt werden. Schon in der Natur finden nicht nur immanente Entwicklungen des Individuums statt, sondern auch Entwicklungen der Arten und Gattungen. Sie sind Thema der Evolutionstheorie. Die plausibelste Erklärung phylogenetischer Prozesse hat der Darwinismus gegeben, indem er die Entwicklung der Arten und Gattungen durch Mutation, breite Streuung und Selektion der bestmöglichen, angepasstesten und überlebensfähigsten Mutanten im Kampf ums Dasein erklärt. So kann er am Zweckgedanken festhalten, ohne den Kausalgedanken aufgeben zu müssen; denn das Finalprinzip dient lediglich zur Beschreibung der Vorgänge, nicht zu deren Erklärung. Und ebenso kann er am Gedanken des unendlichen Fortschritts und der unendlichen Steigerung festhalten, ohne auf den Zweckgedanken verzichten zu müssen. Überträgt man die naturalen Verhältnisse auf geschichtliche, so gelangt man zu einem Sozialdarwinismus, der die Abfolge gewachsener historischer Systeme als einen Selektionsprozess betrachtet, in dem sich das jeweils beste, angepassteste System durchsetzt. Dasselbe gilt für kulturelle, religiöse oder sonstige Systeme.

Dem positiven, optimistisch fortschrittsgläubigen Modell steht das negative, pessimistische, verfallstheoretische gegenüber. Es geht von der Supposition eines idealen, vollkommenen Anfangszustandes der Geschichte aus und interpretiert ihren weiteren Verlauf als Zerrüttung und Auflösung fester, geordneter gesellschaftlicher, kultureller, religiöser, künstlerischer Verhältnisse, als zunehmende Entfremdung, sei es Gesellschafts-, Selbst- oder

Realitätsentfremdung, die aus der Inkommensurabilität von Aufgaben und Pflichten und deren Realisierung erwachsen.

Es sind Krankheitssymptome, die hier diagnostiziert werden und die den Geschichtsverlauf als Krankheitsverlauf erscheinen lassen. Die Gegenwart des Geschichtsschreibers wird zumeist als Krisensituation und unheilvoller, ungesunder Zustand empfunden, sei es wie bei Fichte als Zustand vollendeter Sündhaftigkeit oder wie bei Marx als Ära kapitalistischer Ausbeutung oder wie in der Gegenwart als technokratische Entfremdung. Abhilfe schaffen können nur therapeutische Mittel oft radikaler Art: Kritik, Umdenken, Reform und Revolution, um in Zukunft wieder ein Reich des Heils, eine klassenlose Gesellschaft, eine Technik, die Freiräume für individuelle Entfaltung lässt, zu schaffen.

Die Verfallstheorie und die in ihrem Zusammenhang auftauchenden Begriffe wie Diagnose und Therapie deuten darauf, dass auch dieses Geschichtsmodell an organischen Vorgängen – Krankheits- und Alterungsprozessen – orientiert ist. Außerdem entspricht es einer Tendenz des Menschen, das Vergangene, Entfernte und Unwiederbringliche höher zu schätzen als das Gegenwärtige, Präsente. Dies zeigt schon die Redeweise von der „guten alten Zeit", die einen heilen, makellosen Zustand suggeriert. Zusammenhängen mag dies damit, dass ursprüngliche, einfache und unkomplizierte Zustande gleichgesetzt werden mit jugendlichen, gesunden und entwickelte mit alten, kranken. Das verfallstheoretische Modell verhält sich prinzipiell „vergangenheitsaffirmierend", dagegen „gegenwartsnegierend"[85].

Dieser Typus von Geschichtsverständnis ist seit ältesten Zeiten bekannt. Bereits in *Genesis* 1,3 wird der Anfangszustand der Geschichte metaphorisch mit dem Paradies identifiziert, in dem das Urelternpaar Adam und Eva lebte, während der weitere Geschichtsverlauf als Sündenfall und Verlust des ursprünglichen, heilen und glückseligen Zustandes gedeutet wird. Hegel selbst erwähnt in seinen *Vorlesungen über die Philosophie der Geschichte* Friedrich Schlegels Geschichtstheorie, die er jedoch bekämpft und ablehnt. Sie nimmt nicht nur metaphorisch, sondern realiter einen Idealzustand der Menschheit am Anfang der Geschichte an, der durch ein vollkommenes Wissen von Natur und Gott und durch eine vollkommene Sittlichkeit und Religiosität ausgezeichnet war und aus dem durch Ausartung und Verschlechterung die diversen Staatsverfassungen und Religionen hervorgingen. Nicht nur Schlegel, die gesamte romantische Geschichtsauffassung tendiert zu einer vergangenheitsaffirmierenden, gegenwartsnegierenden Geschichtstheorie. So war

85 Zur Terminologie vgl. Udo Marquard: *Temporale Personalität.* Zum geschichtlichen Zäsurbedarf des modernen Menschen, in: *Poetik und Hermeneutik,* Bd. 12: *Epochenschwelle und Epochenbewusstsein,* hrsg. von Reinhart Herzog und Reinhart Koselleck, München 1987, S. 343-352, bes. S. 347.

für Novalis das christliche Mittelalter mit seinem weltlichen Universalreich, dem römischen Reich deutscher Nation, und seiner katholischen Religiosität das leuchtendes Vorbild, demgegenüber die Gegenwart als Abfall Europas von der Christenheit erschien.

Diese „antimodernistische" Geschichtsdeutung ist der Hegelschen „promodernistischen" diametral entgegengesetzt. Hegel hat die Verfallstheorie *in genere* und *in specie* mit Bezug auf Schlegel mit dem Hinweis kritisiert, dass sich kein historisches Urvolk in einem Idealzustand des Wissens und Glaubens fände, aus dem die Vielzahl von Wissenschaften und Religionen hervorgegangen sei. Die historisch frühen Völker wie die Babylonier und Inder hätten trotz ihrer beachtlichen astronomischen Kenntnisse keine vollendete Wissenschaft besessen. Und auch eine Urreligion, die den Ausgang der übrigen Weltreligionen bildete, fände sich nicht. Nach Hegel stehen dieser Interpretation die historischen Fakten entgegen.

Wendet man dieses verfallstheoretische Konzept auf die von Hegel positiv bewertete Geschichtssituation der Aufklärung und Reformation an, dann erweist sich die Entwicklung im Gegenteil als Übergang von einem positiven in einen negativen Zustand, als Dekadenz. Die Aufklärung hat den Verlust des Mythos und des Narrativs verschuldet. Die Reformation ist hiernach eine Krise, in der der alte religiöse Konsens verloren ging und ein unüberwindlicher Dissens an seine Stelle trat, in der die einigende Kraft des Glaubens aufgelöst und zersplittert wurde in eine Vielzahl von Irrlehren und Schwärmereien, worin sich die ganze Relativität von Geschichtsdeutungen bekundet.

Den biomorphen Geschichtsmodellen ist vorgeworfen worden, dass ihre Anleihe bei Naturprozessen das Spezifische des Geschichtlichen, den Bewusstseinsfaktor, nicht hinreichend berücksichtige, sondern eher verdecke. Wenn die in den Kontext von Naturvorgängen gehörenden Begriffe wie Anlagen und Erbgut, Umweltbedingungen und Umwelteinflüsse, Selektion und Anpassung auf Geschichte übertragen würden, gewönnen sie ganz andere Bedeutungen. Die vorhandenen und zu entfaltenden Erbanlagen würden dann zum überlieferten und fortzubildenden Traditionsgut, die Umwelt zur sozialen Umgebung und Situation, die das Verstehen von Entscheidungs- und Handlungsalternativen voraussetzte, und die Anpassung würde zur Konsens- und Kommunikationsfähigkeit. Eben diese Bewusstseinsmomente kämen in den biomorphen Modellen nicht zum Tragen.

Außer den biomorphen Modellen gibt es die wissenschafts- und technomorphen, die Produkte des Geistes sind und insofern über die Bewusstseinskomponente verfügen. Gegenüber den ersteren sind sie an den Entwicklungsprozessen von Wissenschaft und Technik orientiert, d.h. an selber geschichtlichen Vorgängen, die hier paradigmatisch genommen werden.

Auch bezüglich ihrer lassen sich zwei Varianten unterscheiden, deren eine am Prinzip der gesetzmäßigen Folge orientiert ist, deren andere am Prinzip der freien Wahlfolge. Die erste hat ihr Paradigma am Aufbau der natürlichen Zahlenreihe, der nach dem Additionsgesetz n und n+l erfolgt und eine *kontinuierliche* Erweiterung mit sich bringt bei gleichzeitiger Beibehaltung des ursprünglichen Systemcharakters der Zahl. Da jede Zahl eine synthetische Einheit aus Einheiten ist, bleibt diese Struktur durchgängig gewahrt. Das Entscheidende ist hier, dass durch ein endliches Prinzip das Unendliche a priori regelbar und beherrschbar gemacht wird. Daher lässt sich die Schrittfolge schon nach wenigen Schritten abbrechen und durch ein „und so weiter" ersetzen; denn prinzipiell Neues steht nicht zu erwarten. In Analogie zu diesem Schema würden Wissenschafts- und Technologiefortschritt als ständige Wissensvermehrung und Kenntnisakkumulation wie auch als Methodendifferenzierung und -spezifikation verstanden werden. Wenn der Geschichtsprozess nach diesem Vorbild gedeutet wird, so bezieht sich die Interpretation vor allem auf den Umstand, dass der quantitativen und qualitativen Zunahme des Materials, der Steigerung von Komplexität und Komplikation in Systemen bei Erhaltung ihrer Grundstruktur keine Grenzen gesetzt sind.

Das zweite Modell beruht auf dem Prinzip der freien Wahlfolge. Es regelt nicht vorgängig und ein für allemal bis ins Unendliche hinein den Prozess, sondern macht die Regelung der Schritte von Mal zu Mal abhängig von einer neuen, freien Wahl. Das Unendliche wird hier in einer unendlichen Folge von Schritten festgelegt. Freiheit, Willkür und Spiel sind dabei entscheidende Faktoren. Wenn diese Vorgehensweise hier als Konstruktion und Regelung angesprochen wird, so liegt ein erweiterter Konstruktions- und Regelbegriff vor, der im Unterschied zum gängigen Verständnis, das nur die gesetzmäßigen Folgen umfasst, auch die ungesetzmäßigen enthält. Thomas S. Kuhn hat nach diesem Prinzip den Wissenschaftsprozess als Paradigmensubstitution beschrieben, bei dem die aufeinanderfolgenden Systeme nicht auseinanderfolgen, daher auch nicht auf frühere Theorien reduzierbar bzw. aus ihnen deduzierbar sind. Die neue Theorie ist nicht nur quantitativ umfassender und methodisch subtiler als die alte, sondern auch strukturell anders gebaut. So sind z.B. die aristotelische Physik, die klassisch newtonische Mechanik, die Feldtheorien, die Quantentheorie in sich geschlossene, d.h. durch keine geringfügige Modifikation abänderbare Systeme, deren geschichtliche Aufeinanderfolge aber keine Deduktion auseinander rechtfertigt. Überhaupt ist es fraglich, ob es sich um einen Fortschritt handelt, da eindeutige Fortschrittskriterien fehlen. Eigentlich kann nur von einem Paradigmenwechsel gesprochen werden, wobei die Motivation zu einem solchen von Irrationalitäten wie Überredung, Glaube, Propaganda, Durchsetzungsvermögen usw. abhängt. Im geschichtlichen Horizont hat dies zur Konsequenz geführt, die Abfolge geschichtlicher Paradigmen wie Gesellschaftssystemen, Rechts- und Sittlichkeitssystemen, Religionen usw. nicht nur als Fortschritt, sondern auch als Stagnation oder gar Rückschritt zu deuten, da eindeutige Beurteilungskriterien fehlen. Der geschichtliche Wandel wird hier verglichen mit einer freien Variation der Möglichkeiten, mit dem Spiel von Paradigmen, deren jedes für sich bei externer Betrachtung kein absolutes, nur ein relatives Recht hat, allenfalls bei interner Betrachtung Absolutheit reklamieren mag. Mag für einen Politiker oder Theologen, der aufgrund persönlicher Überzeugung und innerer Erfahrung innerhalb eines bestimmten Systems steht, dasselbe absolute Gültigkeit besitzen, der Geschichtsphilosoph ist frei von dieser Bindung, ihm obliegt die unparteiische Betrachtung der Geschichte, die relativ ist.

Eine solche Geschichtsinterpretation scheint der Wirklichkeit und der Vielfalt von Lebensgestaltungen eher zu entsprechen als das einseitige, auf Fortschritt bedachte Modell Hegelscher Provenienz. Zudem dokumentiert sich in dieser Auffassung der Standpunkt der Gegenwart, der Postmoderne, die durch die Akzeptanz heterogener Paradigmen, durch die Anerkennung anderer in ihrer Andersheit, durch Liberalität, Toleranz und Unentscheidbarkeitskriterien charakterisiert ist und nicht mehr dem Fortschrittsidol anhängt wie die Aufklärung und Moderne einschließlich Hegels Zeit. Der Glaube an nur eine Rationalität, d.h. an nur eine einzige verständige Deutung, ist verloren gegangen.

Literatur

Angesichts der Vielzahl von Literatur zum deutschen Idealismus, die in jeder Dissertation, im Internet oder in Bibliotheken abgerufen werden kann, enthält die vorliegende Liste nur einige allgemeine Angaben, ansonsten themenspezifische, weiterführende und kritisch begleitende Werke.

Allgemeines

Ameriks, Karl (Hrsg.): *The Cambridge Companion to German Idealism*, Cambridge University Press 2002.

Asmuth, Christoph: *Wissen im Aufbruch*. Die Philosophie der deutschen Klassik am Beginn der Moderne (Kultur – System – Geschichte), Würzburg 2018.

Beiser, Frederick C.: *German Idealism*. The Struggle against Subjectivism, 1781–1801, Harvard University Press 2009.

Bubner, Rüdiger (Hrsg.): *Deutscher Idealismus*, Stuttgart 1978.

Gamm, Gerhard: *Der Deutsche Idealismus*, Ditzingen 1997.

Gloy, Karen: *Einheit und Mannigfaltigkeit*. Eine Strukturanalyse des „und". Systematische Untersuchungen zum Einheits- und Mannigfaltigkeitsbegriff bei Plato, Fichte, Hegel und in der Moderne, Berlin, New York 1981.

Hammer, Espen (Hrsg.): *The Cambridge Companion to German Idealism*. Contemporary Perspectives, Routledge 2007.

Hartmann, Nicolai: *Die Philosophie des deutschen Idealismus*, Berlin, New York, 3. Aufl. 1974.

Henrich, Dieter: *Between Kant and Hegel*: Lectures on German Idealism, Harvard University Press 2009.

Hiltscher, Reinhard: *Einführung in die Philosophie des deutschen Idealismus*, Darmstadt 2016.

Horstmann, Rolf-Peter: *Die Grenzen der Vernunft*. Eine Untersuchung zu Zielen und Motiven des Deutschen Idealismus. 3. Aufl. Frankfurt a. M. 2004.

Jaeschke, Walter, und Arndt, Andreas: *Die Klassische Deutsche Philosophie nach Kant*: Systeme der reinen Vernunft und ihre Kritik 1785 – 1845, München 2012.

Janke, Wolfgang: *Historische Dialektik*. Destruktion dialektischer Grundformen von Kant bei Marx, Berlin, New York 1977.

Pippin, Robert B.: *Die Aktualität des deutschen Idealismus*, Berlin 2016.

Sandkühler, Hans Jörg (Hrsg.): *Handbuch Deutscher Idealismus*, Stuttgart, Weimar 2005.

Sandkühler, Hans Jörg (Hrsg.): *Idealismus in praktischer Absicht.* Studien zu Kant, Schelling und Hegel, Frankfurt a. M. 2013.

Schulz, Walter: *Die Vollendung des Deutschen Idealismus in der Spätphilosophie Schellings*, 2. Aufl. Pfullingen 1975.

Immanuel Kant

Dietzsch, Steffen: *Immanuel Kant.* Eine Biographie, Leipzig 2004.

Ebbinghaus, Julius: *Gesammelte Aufsätze, Vorträge und Reden*, Darmstadt 1968.

Gerhardt, Volker: *Immanuel Kant.* Vernunft und Leben, Stuttgart 2002.

Gerlach, Stefan: *Wie ist Freiheit möglich?* Eine Untersuchung über das Lösungspotenzial zum Determinismusproblem in Kants Kritik der reinen Vernunft, Tübingen 2010.

Gulyga, Arsenij: *Immanuel Kant.* Eine Biographie, Frankfurt a. M. 2004.

Heidemann, Dietmar, und Engelhard, Kristina (Hrsg.): *Warum Kant heute?* Systematische Bedeutung und Rezeption seiner Philosophie in der Gegenwart, Berlin u.a. 2004.

Höffe, Otfried: *Kants Kritik der reinen Vernunft.* Die Grundlegung der modernen Philosophie, München 2003.

Jaspers, Karl: *Kant.* Leben, Werke, Wirkung, München 1975.

Gloy, Karen: *Die Kantische Theorie der Naturwissenschaft.* Eine Strukturanalyse ihrer Möglichkeit, ihres Umfangs und ihrer Grenzen, Berlin, New York 1976.

Gloy, Karen: *Die Kantische Differenz von Begriff und Anschauung und ihre Begründung*, in: *Kant-Studien*, Bd. 75 (1984), S. 1-37.

Gloy, Karen: *Kants Theorie des Selbstbewußtseins.* Ihre Struktur und ihre Schwierigkeiten, in: *Wiener Jahrbuch für Philosophie*, Bd. 17 (1985), S. 29-58.

Gloy, Karen: *Studien zur theoretischen Philosophie Kants*, Würzburg 1990.

Gloy, Karen: *Bewußtseinstheorien.* Zur Problematik und Problemgeschichte des Bewußtseins und Selbstbewußtseins, Freiburg, München 1998.

Patzig, Günther: *Wie sind synthetische Urteile a priori möglich?* in: Speck, Josef (Hrsg.): *Grundprobleme der großen Philosophen.* Philosophie der Neuzeit II, Göttingen 1988.

Stolzenberg, Jürgen (Hrsg.): *Kant in der Gegenwart*, Berlin 2007.

Vorländer, Karl: *Immanuel Kant.* Der Mann und das Werk, Leipzig 1924, 3. erw. Aufl. Hamburg 1992, reprint Wiesbaden 2003.

Willaschek, Marcus, Stolzenberg, Jürgen, Mohr, Georg, Bacin, Stefano (Hrsg.): *Kant-Lexikon*, 3 Bde., Berlin 2015.

Carl Leonhard Reinhold

Bondeli, Martin: *Das Anfangsproblem bei Karl Leonhard Reinhold.* Eine systematische und entwicklungsgeschichtliche Untersuchung zur Philosophie Reinholds in der Zeit von 1789 bis 1803, Frankfurt a.M.1995.

Bondeli, Martin, und Schrader, Wolfgang H. (Hrsg.): *Die Philosophie Karl Leonhard Reinholds*, Amsterdam, New York 2003.

Bondeli, Martin, und Lazzari, Alessandro (Hrsg.): *Philosophie ohne Beynamen:* System, Freiheit und Geschichte im Denken Karl Leonhard Reinholds, Basel 2004.

Kersting, Wolfgang, und Westerkamp, Dirk (Hrsg.): *Am Rande des Idealismus.* Studien zur Philosophie Karl Leonhard Reinhold, Paderborn 2008.

Lauth, Reinhard (Hrsg.): *Philosophie aus einem Prinzip.* Karl Leonhard Reinhold, Bonn 1974.

Merk, Marco: *Selbstbewusstsein im Deutschen Idealismus,* Diss. Regensburg 2010.

Onnasch, Ernst Otto: *Einleitung zu Karl Leonhard Reinhold: Versuch einer Theorie des menschlichen Vorstellungsvermögens,* Bd. 1, Hamburg 2010.

Stolzenberg, Jürgen: *Geschichte des Selbstbewußtseins.* Reinhold - Fichte - Schelling, in: *Internationales Jahrbuch des Deutschen Idealismus,* hrsg .von Ameriks, Karl, und Stolzenberg, Jürgen, Berlin, New York 2003, S. 93–113.

Friedrich Wilhelm Joseph Schelling

Baumgartner, Hans Michael, Korten, Harald : *Friedrich Wilhelm Joseph Schelling*, München 1996.

Frank, Manfred: *Eine Einführung in Schellings Philosophie*, Frankfurt a. M. 1985.

Gloy, Karen, und Burger, Paul (Hrsg.): *Die Naturphilosophie im Deutschen Idealismus*, Stuttgart-Bad Cannstatt 1993.

Gloy, Karen: *Naturauffassung bei Kant, Fichte und Scheling*, in: *Fichte-Studien*, Bd. 6 (1995), S. 253-275.

Gloy, Karen: *Das Verständnis der Natur*, Bd. 2: *Die Geschichte des ganzheitlichen Denkens*, München 1996.

Gloy, Karen: *Schellings Naturphilosophie*. Grundzüge und Kritik, in: *Friedrich Wilhelm Joseph Schelling.* Neue Wege der Forschung, hrsg. von Hiltscher, Reinhard, und Klingner, Stefan, Darmstadt 2012, S. 85-102.

Heckmann, Reinhard: *Natur - Geist - Identität.* Die Aktualität von Schellings Naturphilosophie im Hinblick auf das moderne evolutionäre Weltbild, in: Heckmann, Reinhard, Krings, Hermann, Meyer, Rudolf W.: *Natur und Subjektivität.* Zur Auseinandersetzung mit der Naturphilosophie des jungen Schelling. Referate, Voten und Protokolle der II. Internationalen Schelling-Tagung, Zürich 1983, Stuttgart-Bad Cannstatt 1985, S. 291-344.

Heuser-Keßler, Marie-Luise: *Die Produktivität der Natur.* Schellings Naturphilosophie und das neue Paradigma der Selbstorganisation in den Naturwissenschaften, Berlin 1986.

Heuser, Marie-Luise: Artikel *Schelling, Friedrich Wilhelm Joseph* (http://www.philosophie-woerterbuch.de/online-woerterbuch/?tx_gbwbphilosophie_main%5Bentry%5D=47&tx_gbwbphilosophie_main%5Baction%5D=show&tx_gbwbphilosophie_main%5Bcontroller%5D=Lexicon&no_cache=1) im UTB-Online-Wörterbuch Philosophie.

Jacobs,Wilhelm G.: *Das Weltbild der modernen Naturwissenschaften und die Schellingsche Naturphilosophie*, in: *Existentia*, Budapest, Bd. 9 (1999), Fasc. 1-4, S. 77-90.

Kirchhoff, Jochen: *Friedrich Wilhelm Josef Schelling*, Reinbek b. Hamburg 1982.

Schmied-Kowarzik, Wolfgang: *Friedrich Wilhelm Joseph Schelling (1775-1854)*, in: *Klassiker der Naturphilosophie.* Von den Vorsokratikem bis zur Kopenhagener Schule, hrsg. von Böhme, Gernot, München 1989, S. 241-262.

Schmied-Kowarzik, Wolfdietrich: *Thesen zur Entstehung und Begründung der Naturphilosophie Schellings*, in: *Die Naturphilosophie im Deutschen Idealismus*, hrsg. von Gloy, Karen, und Burger, Paul, Stuttgart-Bad Cannstatt 1993, S. 67-100.

Schmied-Kowarzik, Wolfdietrich: *„Von der wirklichen, von der seyenden Natur"*. Schellings Ringen um eine Naturphilosophie in Auseinandersetzung mit Kant, Fichte und Hegel, (Schellingiana, Bd. 8), Stuttgart-Bad Cannstatt 1996.

Schmied-Kowarzik, Wolfdietrich: *Existenz denken.* Schellings Philosophie von ihren Anfängen bis zum Spätwerk, Freiburg, München 2015.

Schulz, Walter: *Die Vollendung des Deutschen Idealismus in der Spätphilosophie Schellings*, Stuttgart 1954, 2. Aufl. Pfullingen 1975.

Zimmermann, Rainer E.: *Die Rekonstruktion von Raum, Zeit und Materie.* Moderne Implikationen Schellingscher Naturphilosophie, Frankfurt a. M., Berlin, Bern, New York, Paris, Wien 1998.

Johann Gottlieb Fichte

Baumanns, Peter: *J. G. Fichte.* Kritische Gesamtdarstellung seiner Philosophie, Freiburg 1990.

Jacobs, Wilhelm G.: *Johann Gottlieb Fichte: eine Biographie*, Berlin, 2012.

Janke, Wolfgang: *Fichte.* Sein und Reflexion, Grundlagen der kritischen Vernunft, Berlin 1970.

Janke, Wolfgang: *Historische Dialektik.* Destruktion *dialektischer* Grundformen von Kant bis Marx, Berlin 1977.

Janke, Wolfgang: Artikel *Fichte, Johann Gottlieb*; in: *Theologische Realenzyklopädie* 11 (1983), S. 157–171.

Gloy, Karen: *Einheit und Mannigfaltigkeit.* Eine Strukturanalyse des „und". Systematische Untersuchungen zum Einheits- und Mannigfaltigkeitsbegriff bei Platon, Fichte, Hegel sowie in der Moderne (Habilitationsschrift), Berlin, New York 1981.

Gloy, Karen: *Die drei Grundsätze aus Fichtes „Grundlage der gesamten Wissenschaftslehre" von 1794,* in: *Philosophisches Jahrbuch,* Bd. 91 (1984), S. 289-307.

Gloy, Karen: *Selbstbewußtsein als Prinzip des neuzeitlichen Selbstverständnisses.* Seine Grundstruktur und seine Schwierigkeiten, in: *Fichte-Studien,* Bd. 1 (1990), S. 41-72.

Gloy, Karen: *Fichtes Dialektiktypen*, in: *Fichte-Studien*, Bd. 17 (2000), S. 103-124.

Kühn, Manfred: *Johann Gottlieb Fichte.* Ein deutscher Philosoph, München 2012.

Schüssler, Ingeborg: *Die Auseinandersetzung von Idealismus und Realismus in Fichtes Wissenschaftslehre.* Grundlage der Gesamten Wissenschaftslehre 1794/5, Zweite Darstellung der Wissenschaftslehre 1804, Frankfurt a. M. 1972.

Siep, Ludwig: *Hegels Fichtekritik und die Wissenschaftslehre von 1804*, Freiburg, München 1970.

Oesterreich, Peter L., und Traub, Hartmut: *Der ganze Fichte.* Die populäre, wissenschaftliche und metaphilosophische Erschließung der Welt, Stuttgart 2006.

Onnasch, Ernst-Otto : *Ich und Vernunft.* Ist J.G. Fichte die Begründung seiner Grundlage der gesammten Wissenschaftslehre von 1794/95 gelungen? (http://members.chello.nl/onnasch/publicaties/Onnasch,%20Ich%20und %20Vernunft.pdf).

Rohs, Peter: *Johann Gottlieb Fichte*, München 1991.

Stolzenberg, Jürgen: *Fichtes Begriff der intellektuellen Anschauung.* Die Entwicklung in den Wissenschaftslehren von 1793/94 bis 1801/02, Stuttgart 1986 (Reihe: *Deutscher Idealismus.* Philosophie und Wirkungsgeschichte in Quellen und Studien. Bd. 10).

Wundt, Max: *Fichte-Forschung*, Faksimile Neudruck der Ausgabe Stuttgart 1924, Stuttgart-Bad Canstatt 1976.

Georg Wilhelm Friedrich Hegel

Emundts, Dina, Horstmann, Rolf-Peter: *G.W.F. Hegel.* Eine Einführung, Stuttgart 2002.

Gloy, Karen: *Hegels Geschichtsphilosophie im Vergleich mit anderen Geschichtskonzeptionen*, in: *Deutsche Zeitschrift für Philosophie*, Ostberlin, Jg. 39, Heft 1 (1991), S. 1-11.

Gloy, Karen: *Hegel und das Ende der Geschichte – und kein Ende*, in: *Hegel-Jahrbuch* 1996, S. 21-32.

Gloy, Karen: *Vernünftigkeit oder Relativität der Geschichte.* Hegels Geschichtsphilosophie in kritischer Beleuchtung, in: academia.edu.2020.

Hartmann, Klaus: *Hegels Logik*, Berlin 1999.

Henrich, Dieter: *Hegel im Kontext*, Berlin 2010.

Hösle, Vittorio : *Hegels System.* Der Idealismus der Subjektivität und das Problem der Intersubjektivität, Hamburg 1998.

Jaeschke, Walter: *Hegel-Handbuch.* Leben - Werk - Schule. 3. Aufl. Stuttgart 2016.

Schnädelbach, Herbert (Hrsg.): *Hegels Philosophie.* Kommentare zu den Hauptwerken, 3 Bde., Frankfurt a. M. 2000.

Theunissen, Michael: *Sein und Schein.* Die kritische Funktion der Hegelschen Logik, Frankfurt a. M. 1978.

Vieweg, Klaus: *Hegel.* Der Philosoph der Freiheit. Biographie, München 2019.

Index

Sachen

Personen